ST. PÖLTEN

ST. PÖLTEN

Alte Stadt, junge Metropole

Herausgegeben von
Hans Ströbitzer und Herbert Waldhauser

Mit Fotos von
Günther Böck und Marius Höfinger

NP
BUCHVERLAG

Die Deutsche Bibliothek - CIP-Einheitsaufnahme

St. Pölten : alte Stadt, junge Metropole / hrsg. von Hans Ströbitzer und Herbert Waldhauser. Mit Fotos von Günther Böck und Marius Höfinger. - 1. Aufl. - St. Pölten : NP-Buchverl., 1998
ISBN 3-85326-104-3

1. Auflage 1998

Umschlaggestaltung:
Brigitte Schwaiger, Wien

Grafische Gestaltung des Innenteils:
Herbert Wiesensarter, Bad Fischau

Gesamtherstellung:
Niederösterreichisches Pressehaus
Druck- und Verlagsgesellschaft mbH
A-3100 St. Pölten, Gutenbergstraße 12

ISBN 3-85326-104-3

Bildnachweis:

Franz Blaha, Wien: S. 37; Fa. Leiner, Bildarchiv: S. 50 unten, 51 links; NÖ Landespressedienst: Umschlagfoto und S. 19, 20, 21, 22, 23; NÖPLAN, Bildarchiv: S. 35; NÖ Pressehaus, Bildarchiv: S. 88; ÖNB, Bildarchiv: S. 36; ORF, Bildarchiv: S. 32.

KURZBIOGRAFIEN

DIE HERAUSGEBER

STRÖBITZER Prof. Hans, geboren 1930 in Strengberg, neben der journalistischen Ausbildung Studium der Staatswissenschaften; 1964 bis 1995 Chefredakteur der Niederösterreichischen Nachrichten (NÖN), 1970 bis 1981 außerdem Schriftleiter einer publizistischen Fachzeitschrift, Autor mehrerer zeitgeschichtlicher Bücher; zahlreiche Auszeichnungen.

WALDHAUSER Herbert, geboren 1942 in Baden, nach der Matura Studium der Zeitungswissenschaften an der Universität Wien; Redakteur der NÖ Volkspresse, PR-Tätigkeit im Genossenschaftsbereich, 1978 Eintritt in das Presseamt der NÖ Landesregierung, seit 1995 dessen Leiter; Buchveröffentlichungen u. a. „Zur Kur in Österreich", „Vier blau-gelbe Jahrzehnte", „Stichwort NÖ", „Ein Mann kam in die Küche".

DIE AUTOR/INNEN

BYLICA Peter, geboren 1949; seit 1966 in der Medienbranche tätig, u. a. Chefred.-Stv. AZ, Chefredakteur Guten Tag Niederösterreich, Korrespondent Berliner Rundfunk, NÖPLAN-Pressesprecher, Konsulent Privatradio, Event & City Marketing.

EDER Alois, geboren 1948; Mittelschullehrer für Deutsch und Geschichte in St. Pölten, einige Jahre Redakteur der Zeitschrift Limes; Beiträge in pult und morgen; schreibt Aphorismen, Lyrik, Prosa, Essays; Förderungspreis des Landes NÖ 1990.

FORSTNER Franz, geboren 1945 in Bad Aussee; Kfz-Lehre, mit 18 Jahren Badeunfall (Querschnittlähmung), Dr. phil. (Geschichte); Gestalter von Fernsehfilmen im ORF, seit 1989 beim Magistrat der Stadt St. Pölten in der Kulturverwaltung tätig.

KARL Thomas, geboren 1957 in Wilhelmsburg, Studium der Kunstgeschichte und Geschichte an der Universität Wien (Dr. phil.); Rom-Stipendium, ab 1991 Leiter der historischen Sammlungen, seit 1993 Leiter der Kulturverwaltung beim Magistrat St. Pölten.

KICKINGER Thomas, geboren 1969 in St. Pölten; ab 1990 Mitarbeiter der NÖN, ab 1995 im ORF-Landesstudio Niederösterreich, mit Berichten für Radio und Fernsehen, seit 1998 freier Mitarbeiter beim ORF-Landesstudio Wien, Radio-Magazin-Redaktion.

KNOLL Sabine, geboren 1966 in St. Pölten, Studium der Publizistik sowie Kommunikations- und Theaterwissenschaften (Mag. phil.); u. a. Leitung der Jugendredaktion der NÖN, Mitarbeit bei Für Sie, Petra, Wienerin, Wiener, ORF; mehrere Preise für Lyrik und Kurzprosa.

KÖNIG Gebhard, geboren 1950, Studium der Geschichte, Geografie und Alten Geschichte an der Universität Wien (Dr. phil.); Direktor der NÖ Landesbibliothek; zahlreiche Ausstellungen und Veröffentlichungen zur Kunst- und Kartografiegeschichte Niederösterreichs.

NASKO Siegfried, geboren 1943, Studium der Geschichte und Germanistik in Wien; seit 1971 am Magistrat St. Pölten tätig, Leiter der Abteilung Öffentlichkeitsarbeit, internationale Kontakte und Tourismus, Kulturstadtrat.

PULLE Thomas, geboren 1965 in St. Pölten, Studium der Kunstgeschichte in Wien (Mag. phil.); seit 1993 in der Kulturverwaltung St. Pölten, zuständig für die Bereiche Stadtmuseum, Sonderausstellungen und Denkmalpflege; Mitarbeit an der Österreichischen Kunsttopographie, Ausstellungsleiter in Pottenbrunn.

SALZER Robert, geboren 1963 in Texingtal, Bezirk Melk; 14 Jahre lang freier Mitarbeiter der NÖN, 1997–1998 Ressortleiter Sport.

STADLER Matthias, geboren 1966 in St. Pölten, Studium der Geschichte und Germanistik in Wien (Mag. phil.); seit 1992 beim Magistrat der Stadt St. Pölten tätig, Stellvertreter des Leiters der Abteilung Öffentlichkeitsarbeit, internationale Kontakte und Tourismus.

TROPF Wolfgang, geboren 1961 in Litschau, Studium der Theologie, Germanistik und Geschichte an der Universität Wien; seit 1991 Mitarbeiter der NÖN mit Schwerpunkten Kultur und Gesundheit, seit 1998 Leiter des Ressorts Reise – Gesundheit – Leben.

VOAK René, geboren 1974 in St. Pölten, Bachelor of Arts and Media und Master of Advanced Studies; Leiter des Jugend-, Kultur- und Veranstaltungsmanagements der Stadt St. Pölten, Geschäftsführer des St. Pöltner Jugendfonds; Darsteller in der Gruppe Movimento, Gitarrist.

VRANEK Christian, geboren 1971 in Wien, Studium der Musik- und Theaterwissenschaft sowie Kulturmanagement in Wien (Mag. phil.); von 1994 bis 1996 künstlerischer Leiter der Konzertreihe „les nouvaux jeunes", seit 1997 Pressesprecher im Festspielhaus St. Pölten.

WIENINGER Manfred, geboren 1963 in St. Pölten; fanatischer St. Pöltner, Germanist (Mag. phil.), Pädagoge und Schriftsteller; Kriminalroman „Der dreizehnte Mann" (Arbeitstitel) Herbst 1999, für sein St. Pöltner Straßennamenlexikon noch auf Sponsorensuche.

ZAUCHINGER Robert, geboren 1947 in St. Pölten, Diplomarbeit „Sozialstruktur der Wirtschaftseliten in St. Pölten", Mag. phil.; Aufbau und Leitung des Wirtschaftsressorts der NÖN, seit 1985 Stellvertretender Chefredakteur.

DIE FOTOGRAFEN

BÖCK Günther, geboren 1963 in St. Pölten; betreibt seit 1989 ein Fotostudio für Industrie- und Werbefotografie in St. Pölten, fotografiert für Zeitschriften und Verlage in Österreich und im Ausland; seit 1996 Computersupport für DTP und Drucktechnik; Spezialgebiet Digitale Fotosysteme und deren Einsatzgebiet.

HÖFINGER Marius, geboren 1969 in St. Pölten, zu Hause in Herzogenburg, Ausbildung im Fotostudio S.F.&H. in Bregenz; 1994 Übernahme des Industrie- und Werbefotostudios Fasching in St. Pölten, seit 1996 1. Herzogenburger Werbe- u. Industriefotostudio mit eigenem Fachlabor und elektronischer Bildbearbeitung.

„Ich könnte mir gar nicht mehr vorstellen, woanders zu arbeiten", habe ich bereits im Mai 1997, wenige Tage nach dem Einzug in mein neues St. Pöltner Büro, festgestellt. Es liegt im 6. Stock des Neuen Landhauses, und der Blick geht über die modernen Bauten des Landhausviertels an der Traisen und die Dächer der historisch gewachsenen Barockstadt weit hinaus ins Land. Er zeigt somit symbolisch: Hier ist zusammengewachsen, was zusammengehört.

Mit dem historischen Schritt von Wien nach St. Pölten, dem Einzug von Landespolitik und Landesverwaltung ins eigene Land, hat sich Niederösterreich ein „starkes Herz" geschaffen. Und damit eine wichtige Voraussetzung für einen erfolgreichen Weg ins nächste Jahrtausend, in dem wir den in den letzten Jahren – nicht zuletzt durch die Hauptstadtgründung – erarbeiteten Vorsprung halten und ausbauen wollen. Es war eine Weichenstellung in Richtung auf einen Platz unter den Top-ten-Regionen Europas.

Die Erfahrungen, die Kraft und die Zuversicht, die wir dazu brauchen, schöpfen wir nicht zuletzt aus der Geschichte. Ich freue mich daher aufrichtig über dieses Buch, das die lange und bewegte Geschichte unserer jungen Landeshauptstadt ebenso behandelt wie die pulsierende Gegenwart und das damit auch Wegweiser in die Zukunft aufstellt. Es soll, diesen Wunsch möchte ich mit auf den Weg geben, auch dazu beitragen, die Bindungen zwischen St. Pölten und den St. Pöltnern, den Mitarbeiterinnen und Mitarbeitern im neuen Landhausviertel und allen Landsleuten noch enger zu gestalten.

Erwin Pröll

Dr. Erwin Pröll

Landeshauptmann von Niederösterreich

Die Entwicklung St. Pöltens seit der Hauptstadterhebung verläuft derart dynamisch, daß die Zeit den Büchern nahezu davonläuft; die Aktualität von Publikationen wird von den Ereignissen oft geradezu überholt. Es freut mich daher, daß nach der Übersiedelung der Landesbehörden in das neue Regierungsviertel in St. Pölten es zu einem neuen, repräsentativen St.-Pölten-Buch gekommen ist.

Dieses spiegelt den langen Weg vom römischen Aelium Cetium zur modernen Landesmetropole wider, führt liebevoll durch die Straßen und Plätze von heute und zeigt die vielen Facetten, die in Summe das städtische Leben ausmachen.

Aufgabe und Ziel eines solchen Werkes ist sicher auch, Wissen über die Heimat zu vermitteln und damit Identität, Gemeinschaftsgeist und Zusammengehörigkeitsgefühl zu stiften. Zusammengehörigkeitsgefühl zwischen den St. Pöltnerinnen und St. Pöltnern, zwischen der Stadt und ihrem Umland, zwischen der Landeshauptstadt und den Menschen im gesamten Bundesland, auf das St. Pölten politisch, wirtschaftlich und geistig-kulturell in hohem Maße ausstrahlt. Gleichzeitig ist dieses Buch auch ein Botschafter und eine Visitenkarte unserer Stadt; wir legen es den vielen Freunden, die St. Pölten in aller Welt hat, gerne ans Herz. Ebenso ist es ein Auftrag, auch in Zukunft mit aller Kraft gemeinsam an der weiteren Entwicklung St. Pöltens zu arbeiten.

Ich danke dem Verlag, den Herausgebern sowie allen Mitarbeiterinnen und Mitarbeitern für das Engagement und die viele Arbeit, ohne die ein solches Buch nicht möglich wäre, und wünsche ihm viele interessierte und aufgeschlossene Leser.

Willi Gruber

Bürgermeister der Landeshauptstadt St. Pölten

Inhalt

Vorwort der Herausgeber

Im Millenniumsjahr 1996, 1000 Jahre nach der ersten urkundlichen Erwähnung Österreichs, hat Landeshauptmann Dr. Erwin Pröll in Anwesenheit vieler prominenter Gäste das neue Regierungsviertel in der jungen Metropole feierlich eröffnet. Eine Fügung des Schicksals in der wechselvollen Geschichte des Landes?

Niederösterreich ist das Kernland der Republik Österreich. Der „Geburtsort" Neuhofen an der Ybbs liegt im Viertel ober dem Wienerwald, dessen Zentrum das alte St. Pölten seit vielen Jahren ist. Bereits lange vorher hatte sich entlang der Donau eine Grenzmark entwickelt, die im 12. Jahrhundert zum Herzogtum erhoben wurde.

In den Jahren der Habsburgermonarchie war Wien nicht nur die Reichshauptstadt mit dem Kaiserhaus, es war auch Hauptstadt und Mittelpunkt des Erzherzogtums unter der Enns. Auch nach der Bildung der Bundesländer Wien und Niederösterreich blieb die Bundeshauptstadt mehr als sieben Jahrzehnte der Sitz von Landtag und Landesregierung. Die eigene Landeshauptstadt war der späte Abschluß der „Abnabelung" und der Integration Niederösterreichs nach der Trennung von Wien. Der entscheidende Schritt zu einer neuen Identität, des Selbstwertgefühls und Landesbewußtseins.

Die Hauptstadtwerdung fällt in eine Wendezeit der Geschichte unseres Kontinents. Sie erfolgt zeitgleich mit der Neuordnung Europas nach dem Fallen des Eisernen Vorhanges, der Bildung junger Reformstaaten an unseren Grenzen und dem Beitritt Österreichs zur Europäischen Union. Neue Chancen und Herausforderungen auch für Niederösterreich und die junge Landeshauptstadt.

Unser Anliegen ist es, mit dem Buch „St. Pölten. Alte Stadt, junge Metropole" in Wort und Bild zwischen dem modernen Regierungsviertel und seinen vielfältigen Funktionen als politisches und geistiges Zentrum des Landes mit der auf historischem Boden gewachsenen Stadt eine Synthese herzustellen. Das neue Landhaus ist kein „Manhattan an der Traisen", sondern eine organisch an die Altstadt eingebundene Verwaltungs- und Kulturlandschaft mit einer zeitgemäßen modernen Architektur. Das Buch soll dazu beitragen, unser aller Werk, die Landeshauptstadt, besser kennen und verstehen zu lernen. Hier spannt sich der Bogen von der alten Römersiedlung bis zur Stadt Jakob Prandtauers, von der Industrie- und Eisenbahnerstadt der Ersten Republik bis zum „neuen St. Pölten" von heute.

Der neue Band über die Landeshauptstadt ist eine Teamarbeit. Als Herausgeber haben wir vielen Personen und Institutionen zu danken: unseren MitautorInnen und Fotografen für die fundierten und leicht lesbaren Beiträge, für die von hoher Qualität ausgezeichneten Bilder; Landeshauptmann Dr. Erwin Pröll und Bürgermeister Willi Gruber für ihre Grußworte sowie allen Sponsoren; nicht zuletzt dem Buchverlag des NÖ Pressehauses: Dr. Horst Trimmel für die Koordination der Beiträge, Herbert Wiesensarter und Günther Kapaun für Layout und Umbruchgestaltung.

Unser Wunsch zum Geleit: Wir hoffen, daß das vorliegende Buch dazu beitragen kann, die junge Metropole noch fester in den Herzen unserer Mitbürgerinnen und Mitbürger zu verankern. Den Gästen aus anderen Bundesländern und aus dem Ausland möge es als sachkundige Information und zum tieferen Verständnis unseres Landes und unserer Landeshauptstadt dienen.

Hans Ströbitzer | Herbert Waldhauser

Das Herz des Landes

DIE MODERNE METROPOLE

Der Sage nach erhob sich anstelle des heutigen St. Pölten einst, inmitten eines von der Traisen gebildeten Sees, eine Marienkirche. Wallfahrer gelangten zu ihr über Boote, die an Eisenringen an der Kirchenmauer befestigt wurden. Um diesem Kult ein Ende zu bereiten, soll ein heidnischer Fürst die Gegend unterworfen und jedes Schiff, das die Kirche „Maria im See" zum Ziel hatte, mit einem hohen Zoll belegt haben. Damals habe in der Nacht ein schreckliches Gewitter gewaltige Wassermassen verursacht, die Seeufer wurden zerstört, und nur die Wallfahrtskirche selbst blieb unversehrt. Als Folge davon hat sich – so die Legende – der Heidenfürst taufen lassen.

St. Pölten ist uralter Siedlungsboden. Die älteste Siedlung befand sich in der Jungsteinzeit auf der Galgenleiten im Südwesten der Stadt. Ab der Keltenzeit stellte der St. Pöltner Raum eine größere zentrale Ortschaft dar. 121/122 war der heutige Stadtkern zur römischen Zivilstadt Aelium Cetium geworden. Im Frühmittelalter lebten hier Slawen.

Erstmals urkundlich genannt wurde St. Pölten, das damals Treisma hieß, 799. Seit dem Ende des 10. Jahrhunderts gehörte es dem Bistum Passau an. Vor 1050 erhielt es das Markt- und 1159 das Stadtrecht, das heute das älteste Österreichs ist. Das seit dem ausgehenden 8. Jahrhundert bestehende Benediktiner-, später Augustiner Chorherrenstift war dem hl. Hippolyt geweiht und gab der Stadt den Namen.

Die wechselvolle Geschichte von der landesfürstlichen Stadt des 15. Jahrhunderts über Reformation und Gegenreformation, Erhebung zur Bischofsstadt 1784, Industrialisierung, Arbeiterbewegung, Erhebung zur Statutarstadt 1922 und schließlich zur Landeshauptstadt 1986 kommt in diesem Buch ausführlich zur Sprache. Den Worten Papst Johannes Pauls II. bei seinem Besuch St. Pöltens 1998 ist nichts hinzuzufügen: „St. Pölten ist o. k.!"

Siegfried Nasko

Der lange Weg

ZUR LANDESHAUPTSTADT

Rasch hat die Bevölkerung vom neuen Landhausviertel Besitz ergriffen und erfüllt dieses auch nach Büroschluß mit Leben.

In der Zeit der Habsburgermonarchie war die Reichshauptstadt Wien zugleich Mittelpunkt des heutigen Niederösterreich. Es gab aber bereits Pläne, das Umland von der immer größer werdenden Großstadt zu lösen. Landesstatthalter Graf *Kielmansegg* überlegte 1908 ernsthaft, in dem damals noch nicht zu Wien gehörenden Orte Floridsdorf eine eigene Landeshauptstadt zu errichten. Nach dem Ersten Weltkrieg und dem Ende der Monarchie strebten Wien und Niederösterreich unaufhaltsam auseinander. Dafür gab es mehrere Gründe: Wien, früher die Metropole eines 50-Millionen-Reiches, hätte im klein gewordenen Österreich gemeinsam mit dem niederösterreichischen Umland rund die Hälfte aller Einwohner der jungen Republik vereinigt. Zudem hatten die Bewohner der Großstadt und das Bauernland zu unterschiedliche Interessen, die durch starke politische Gegensätze polarisiert wurden: Hier war das sozialdemokratische „rote" Wien, rundherum das weithin „tiefschwarze" christlichsoziale Kernland.

Die Schlote der Glanzstoff-Fabrik, der Turm des Doms sowie Wohnhochhäuser prägen die Silhouette der jungen Metropole.

Der erste Blick täuscht nicht: St. Pölten ist eine Industrie- und Kulturstadt, die sich ihre hohe Lebensqualität bewahrt hat.

Eine Gedenktafel für Kaiser Franz Josef bringt ins neue Regierungsviertel die historische Dimension ein und schlägt eine Brücke zur Traisenregulierung unserer Tage.

SPECK UND WEIN. Mit dem Trennungsgesetz vom 29. Dezember 1921 und dessen Inkrafttreten am 1. Jänner 1922 wurden Wien und Niederösterreich selbständige Bundesländer. „Bei Speck, Wein und Bauernbrot“, so berichteten Chronisten, welche Niederösterreichs Vertreter zu den Verhandlungen mit den Wienern mitgenommen hatten, wurden die letzten Hürden für die Teilung des Vermögens, auch der Rechte und Pflichten gemeistert. Die zentralen Einrichtungen Niederösterreichs blieben aber auch nach der Bildung der beiden selbständigen Bundesländer in Wien. Die Schaffung einer blau-gelben Landeshauptstadt stand angesichts der tristen wirtschaftlichen Lage nach dem Ersten Weltkrieg nicht zur Diskussion. Das historische NÖ Landhaus in der Wiener Herrengasse sollte daraufhin rund 75 Jahre die blau-gelbe „Enklave“ für Landtag und Landesregierung der Niederösterreicher sein.
Aber bereits einige Jahre später zeigte sich das Unbehagen über das Fehlen einer eigenen Hauptstadt. 1927 erklärte der damalige Landeshauptmann Dr. Karl *Buresch*: „Mit dem Selbständigwerden der Bundeshauptstadt Wien sind vier Fünftel der dem früheren Erzherzogtum zur Verfügung stehenden Steuerkraft für uns verlorengegangen.“ Niederösterreich unterscheide sich vom ebenfalls neugebildeten Burgenland durch das Fehlen einer Landeshauptstadt: „Es fehlt unserem Lande jene Konzentration des Handels und des Geldwesens, die mit der Existenz einer Landeshauptstadt verbunden zu sein pflegt und dadurch, daß sich das geistige Zentrum unserer Verwaltung nicht im Landesgebiet befindet, einem anderen Bundesland zugute kommt.“

MILLIONEN AN WERTSCHÖPFUNG.
Immer wieder wurde in den Folgejahren im NÖ Landtag bedauert, daß durch das Fehlen der eigenen Hauptstadt dem Land viele Millionen an Wertschöpfung verlorengingen. Aber als der St. Pöltner Abgeordnete und Bürgermeister Dr. Wilhelm *Steingötter* 1951 erstmals „seine Stadt“ als mögliche Landeshauptstadt vorschlug, erntete er lebhaften Widerspruch vom Wiener Neustädter Abgeordneten Prof. Johann *Zach*.
Es zeigte sich hier die Rivalität der Städte und Landesviertel, die jahrzehntelang das Haupthindernis für die Errichtung der eigenen Hauptstadt bleiben sollte.
Doch gehörte es geradezu zum Ritual der jährlichen Budgetdebatten, auf die Nachteile durch das Fehlen der Metropole und eines Landeszentrums hinzuweisen, wie dies auch der große Niederösterreicher und Staatsmann Leopold *Figl* tat, der nach seinem Abschied von der Bundespolitik noch drei Jahre lang als Landeshauptmann wirkte (1962–1965). Doch die Nachteile wollte man damals nicht durch die Schaffung einer eigenen Metropole, sondern durch zusätzliche Mittel aus dem „Bundestopf“ ausgleichen, die man allerdings nie bekam.

DER VERGLEICH MIT DER KUH.
Die Hauptstadtdiskussion hatte ihren ersten Höhepunkt Ende der sechziger und Anfang der siebziger Jahre. Sie wurde in der St. Pöltner Ausgabe der NÖN (Niederösterreichischen Nachrichten) eröffnet. Der damalige Generalkonsul von Zagreb, der gebürtige St. Pöltner Dr. Johann *Dengler*, forderte massiv den Auszug von Landtag und Landesregierung aus Wien und die Bildung einer eigenen Hauptstadt. Anerkannte Raumplaner – wie die Professoren *Jäger* und *Kastner* – verlangten eine Stärkung des Raumes Krems/St. Pölten, um die Abwanderung und den Sog von Wien einerseits und Linz andererseits zu mildern. Dies war Wasser auf die Mühlen jener, die endlich eine Lösung der Hauptstadtfrage wünschten. Die NÖN prägten den Slogan: Niederösterreich gleiche einer Kuh, die im Lande unter der Enns gefüttert und in Wien gemolken werde. Gemeint war der hohe Verlust an Wertschöpfung, der dadurch entstand, daß sich Dutzende Landesstellen und Zentralen in der Bundeshauptstadt befanden.
Landeshauptmann *Maurer* sprach sich beim ÖVP-Landesparteitag 1970 in Tulln für eine eigene Hauptstadt aus. Nicht nur sein sozialistischer Stellvertreter Hans *Czettel* war sofort strikte dagegen. Das Pro und Contra ging quer durch die Parteien und auch durch die Landesviertel. Der Widerstand kam vornehmlich aus dem Weinviertel und

dem Südbahngebiet, aber auch die zu über 90 Prozent dem ÖAAB (Österreichischen Arbeiter- und Angestelltenbund der ÖVP) angehörenden Landesbeamten – in der Mehrzahl aus Wien und Umgebung – legten ein Veto ein. Auch der aus den Reihen der Landesbeamten stammende Hofrat Dr. Siegfried *Ludwig*, damals Landeshauptmann-Stellvertreter und Raumplanungsreferent, hielt „die Zeit für eine eigene Hauptstadt noch nicht für reif", wie er später sagte. Anders die St. Pöltner ÖVP, die 1972 bereits mit dem Slogan „Hauptstadt St. Pölten" in die Gemeinderatswahlen ging und ein vom Architekten *Wallner* skizziertes Projekt für den Bau der Amtsgebäude präsentierte.

Ein Jahr später legten die Professoren *Jäger* und *Kastner* vom Institut für Raumplanung für die Lösung der Hauptstadtfrage zwei Varianten vor: Die „große Lösung" sah vor, die künftige Landeshauptstadt im Zentralraum St. Pölten/Krems zu errichten. Die „kleine Lösung" begnügte sich damit, die Hauptstadt an den Rand von Wien zu „übersiedeln", wobei sich Klosterneuburg und die Südstadt in Mödling anboten, wo ja auch die heutige EVN-Zentrale (Energieverbund Niederösterreich) gebaut worden war. Doch die Standortfrage wurde damals zur unüberwindlichen Hürde.
Den St. Pöltnern blieb vorerst das von den Faschingsnarren artikulierte neue Motto als Erinnerung: „La-Hau-Pö".

Feste sind ein Kennzeichen der Stadt. Und weil sie jetzt Hauptstadt ist, gibt es seit 1986 alljährlich ein eigenes Hauptstadtfest.

LUDWIGS VISION. Mitte der siebziger Jahre beschlossen die Landespolitiker, die eigene Hauptstadt vorerst „zu den Akten zu legen", und verordneten sich eine „Denkpause" von rund zehn Jahren. Völlig überraschend für die Medien und die Öffentlichkeit präsentierte dann am 15. Februar 1984 Maurers Nachfolger, Landeshauptmann Siegfried *Ludwig*, seine „Vision von der eigenen Landeshauptstadt". Die Begründung war nicht neu: Dem Land gingen durch das Fehlen der eigenen Metropole jährlich hunderte Millionen Schilling verloren, Arbeitsplätze, die derzeit in Wien abgesichert würden, könnten in Niederösterreich zum Tragen kommen, und das Landesbewußtsein würde gewaltig gesteigert. Ludwigs Paukenschlag wurde von vielen – auch in der eigenen Partei – mit großer Skepsis aufgenommen, zumal die wirtschaftliche Situation damals nicht rosig war und sich die Voraussetzungen kaum geändert hatten. Männer wie der VP-Landesrat Vinzenz Höfinger hingegen unterstützten von jeher das Vorhaben. Der Landeshauptmann verfolgte seinen Plan mit eiserner Konsequenz. Seine Position war wenige Monate vorher, bei der Landtagswahl im Oktober 1983, enorm gestärkt worden. Nach einer heftigen Kampagne – politische Gegner versuchten Ludwig in die Affäre um eine burgenländische Wohnbaugenossenschaft hineinzuziehen – feierte der Landeshauptmann einen Triumph. Die ÖVP erreichte mit 32 Mandaten ihr bisher bestes Ergebnis, Ludwig hatte drei Landtagssitze dazugewonnen. Der selbstbewußte Landeshauptmann verkündete, daß die Weichenstellungen für die Landeshauptstadt noch in der laufenden Legislaturperiode – bis 1988 – vorgenommen werden sollten, und setzte eine Projektgruppe für die Vorbereitungen unter Vorsitz des aus der St. Pöltner Gegend stammenden Landesamtsdirektors Hofrat Dr. Leo *Speiser* ein.

WIE EIN GULASCH OHNE SAFT. In den ersten Wochen nach Ludwigs „Paukenschlag" gab es eine heftige Diskussion über die Medien, manche Journalisten und politische Gegner sprachen von einem „Ablenkungsmanöver", SPÖ-Obmann Landeshauptmann-Stellvertreter Leopold *Grünzweig* von einem „obskuren Vorschlag", die vom ÖAAB dominierte Zentralpersonalvertretung der Landesbediensteten ließ verlauten, daß sie „mit der Sache keine Freude habe", St. Pöltens Bürgermeister Hans *Schickelgruber* sprach „von einem alten Hut und einem Knochen, der nun den Gemeinden hingeworfen wird", bot aber wenig später bereits Grundstücke für einen etwaigen Hauptstadtbau an. Alsbald meldeten Bürgermeister, die sich Hoffnungen für ihre Stadt machten, ihre Interessen an: Neben St. Pölten waren dies Krems, Wiener Neustadt, Baden, Herzogenburg, Tulln, Laxenburg, Mödling und Klosterneuburg. In einer Kosten-Nutzen-Analyse des Institutes für Raumplanung wurde schließlich die Bildung einer Landeshauptstadt grundsätzlich bejaht. Nun standen vor allem die Errichtungskosten im Mittelpunkt der Diskussion. In der Budgetdebatte für das Jahr 1986 bekannte sich Finanzreferent Landeshauptmann-Stellvertreter Dr. Erwin *Pröll* eindeutig zur Hauptstadtgründung, die neue Impulse in zahlreichen Bereichen auslösen werde, und erklärte: „Ein derartig umfangreiches und zukunftsweisendes Projekt kann nur in Form einer Sonderfinanzierung bewältigt werden." Klar war bereits, daß durch die Veräußerung von landeseigenen Gebäuden in Wien ein wesentlicher Teil der Finanzierung bestritten werden müsse.

Schließlich wurde für den 1. und 2. März 1986 eine Volksabstimmung über die Landeshauptstadt anberaumt. Intensive Gespräche zwischen Siegfried *Ludwig* und dem neuen SPÖ-Landesparteiobmann Ernst *Höger*, der bald Leopold Grünzweig auch als Landeshauptmann-Stellvertreter ablöste, hatten zur Folge, daß die SPÖ für ihre Mitglieder die Abstimmung „freigab".

„Ein Land ohne Hauptstadt ist wie ein Gulasch ohne Saft", hieß es nun landauf und landab auf den Plakaten. Der Slogan weckte Emotionen.

61,36 Prozent der Wahlberechtigten gingen zu den Urnen, und 56,02 Prozent stimmten für die Landeshauptstadt. Unter fünf Städten konnte man wählen: Auf St. Pölten entfielen 44,63 Prozent der Stimmen, auf Krems 29,28 Prozent, auf Baden 8,7 Prozent, auf Tulln 5,27 Prozent, auf Wiener Neustadt nur 4,11 Prozent der Ja-Stimmen. Die St. Pöltner votierten mit 91 Prozent für ihre Stadt. Nach der Abstimmung fiel Landeshauptmann Siegfried Ludwig ein Stein vom Herzen, und er konnte die Rücktrittserklärung, die er für den Fall der Ablehnung vorsorglich eingesteckt hatte, in den Papierkorb werfen.

DER COUNTDOWN BEGINNT. Nun beginnt mit beachtlichem Tempo der Countdown zur Realisierung der Hauptstadt. Bereits 101 Tage nach der Volksabstimmung war die Einigung zwischen der ÖVP-SPÖ-Koalition erzielt: über die Sonderfinanzierung der Hauptstadtbauten und die sogenannte Regionalisierung. Demnach sollten den NÖ Gemeinden 20 Jahre lang zusätzlich 500 Millionen pro Jahr aus dem Landeshaushalt zufließen.

Bereits am 10. Juli 1986 wurde im NÖ Landtag das Verfassungsgesetz über die Erhebung zur Landeshauptstadt beschlossen. An diesem Tag war die Zuschauergalerie im historischen Sitzungssaal bis auf den letzten Platz gefüllt, anwesend war auch St. Pöltens Bürgermeister Willi *Gruber* mit einer starken Delegation des Gemeinderates. Landtagspräsident Ferdinand *Reiter* leitete – im gleißenden Scheinwerferlicht – die Festsitzung, die im Fernsehen übertragen wurde. Der entscheidende Beschluß der Verfassungsänderung lautete: „Landeshauptstadt von Niederösterreich ist die Stadt St. Pölten. Sie ist Sitz des Landtages und der Landesregierung." In der neuen Landeshauptstadt wurde die „Jahrhundertentscheidung" bis Mitternacht mit einem „Geburtsfest" gefeiert. Das mit viel Folklore verbundene Hauptstadtfest um den 10. Juli ist in der Traisenstadt inzwischen zur alljährlichen Tradition für tausende Besucher geworden. Die nächste wichtige Weichenstellung folgte bereits am 28. Oktober 1986: die Gründung der Landeshauptstadt-Planungsgesellschaft (NÖPLAN) durch das Land Niederösterreich (51 Prozent der Anteile), die Landes-Hypothekenbank NÖ Leasing GesmbH (39 Prozent) und die Stadt St. Pölten (10 Prozent). Als Vorsitzender des

Vorstandes wurde Dipl.-Ing. Norbert *Steiner* berufen, ein aus Tirol stammender Münchner Stadtplaner. Die neue Gesellschaft ging mit Elan an die Arbeit. 1988 erfolgte die Standortwahl. Nach reiflicher Überlegung entschied man sich für ein Areal östlich der Altstadt am linken Traisenufer, das nur wenige Gehminuten vom historischen Stadtzentrum entfernt ist. Der internationale Architektenwettbewerb für das Regierungsviertel fand im In- und Ausland großes Echo. Eine hochkarätige Jury unter Vorsitz des Architekten Prof. Gustav *Peichl* gab schließlich unter den 166 eingereichten Projekten dem jungen Wiener Architekten Ernst *Hoffmann* den Zuschlag. Und bereits am 25. Mai 1992 erfolgte die Baubewilligung, die ohne Einspruch von Anrainern erteilt werden konnte.

BAU IM REKORDTEMPO. Nun dauerte es nur mehr wenige Monate bis zum Baubeginn. Am 13. September 1992 konnte Siegfried *Ludwig* – knapp vor seinem Abschied als Landeshauptmann – mit dem Spatenstich in Anwesenheit des Bundespräsidenten und der gesamten Landesprominenz beim bisher größten Festakt, den die alte Traisenstadt je erlebt hatte, „grünes Licht" für den Landhausbezirk geben. 15.000 Blasmusiker aus dem ganzen Land umrahmten die Feier. Es war ein großer Tag in der Geschichte des Landes und für „Hauptstadtvater" Siegfried Ludwig, der

Empfang nach der Festsitzung am 21. Mai 1997: v. l. n. r. Landesrat Traude Votruba, Landeshauptmann-Stellvertreter Ernst Höger, Bundeskanzler Viktor Klima, die Landeshauptleute Karl Stix (Burgenland) und Erwin Pröll (NÖ), Landtagspräsident Franz Romeder und Alt-Landeshauptmann Siegfried Ludwig.

Die erste Regierungssitzung im Landhaus an der Traisen am 27. Mai 1997: v. l. n. r. Landesamtsdirektor Karl Kern, die Landesräte Ernest Gabmann, Edmund Freibauer, Franz Blochberger, LHStv. Liese Prokop, LH Erwin Pröll, LHStv. Ernst Höger, die Landesräte Traude Votruba, Ewald Wagner, Hans Jörg Schimanek und Landespressechef Herbert Waldhauser.

gerührt ausrief: „Ein Traum wird wahr!" Der Hauptstadtbau in St. Pölten könnte in das Buch der Rekorde eingehen. Bereits vier Jahre später zog die „Vorhut" der rund 3.000 Landesbeamten in die Objekte des ersten Bauabschnittes ein. Ein Rekord, der keine Schlagzeilen machte: Auf einer der größten Hochbaustellen Europas gab es nicht eine einzige Bürgerinitiative. Vielleicht auch, weil sich die Planer bemühten, durch Baumpflanzungen und Parkanlagen innerhalb des Hauptstadtviertels die „grüne Lunge" St. Pöltens an der Traisen zu erhalten. Ein wichtiger Grund, warum es keine Bürgerproteste gab, war die Errichtung einer zweiten Traisenbrücke, der Julius-Raab-Brücke, am Eingang zum Regierungsviertel, um den Baustellenverkehr nicht zur Belastung der Anrainer und der Innenstadt werden zu lassen.

Insgesamt wurden die drei Bauabschnitte mit den 17 Bürogebäuden, die fünf oder sechs Stockwerke umfassen, wesentlich schneller fertiggestellt als vorgesehen. Dazu gehören das „Landhausschiff" und der Klangturm. Ein paar Zahlen zu dem Mammutprojekt: 220.000 Kubikmeter Beton wurden verbaut, 448.000 Quadratmeter Schalungsfläche verlegt. Damit hätte man 40 Fußballstadien auslegen können. 17.000 Tonnen Stahl wurden verarbeitet. Das würde für einen Schienenstrang von St. Pölten bis Venedig reichen. Die größte „Weiße Wanne" Europas schützt die Bauten des neuen Landhausviertels, aber auch der barocken Altstadt vor Grund- und Hochwasser. Sie bildet das gemeinsame Untergeschoß für das Regierungsviertel und den Kulturbezirk, ist 600 Meter lang und 150 Meter breit. Die Wandstärken betragen 40 Zentimeter, die Bodenplatten sind 80 bis 120 Zentimeter dick. Beim Jahrhunderthochwasser im Juni 1997, als am St. Pöltner Traisenufer Dutzende Häuser überflutet wurden, hat das Regierungsviertel die Bewährungsprobe bestanden. Selbst die 1.500 Parkplätze, die vielen Lagerräume und die Landhausküche in den Tiefgeschossen blieben trocken.

15 PROZENT KOSTENEINSPARUNG. Ein sachkundiges Management und der reibungslose Ablauf ermöglichten eine Verkürzung der Bauzeit um rund ein Jahr. Das von Landeshauptmann Dr. Erwin *Pröll* vorgegebene Einsparungsziel von 15 Prozent gegenüber dem Voranschlag konnte im wesentlichen erreicht werden. Laut Beschluß des Landtages erfolgte die Finanzierung außerbudgetär – mit Hilfe eines Hauptstadtfonds. Mit der Abwicklung der Hauptstadtfinanzierung wurde die NÖ Hypo-Leasing GesmbH betraut. Die Kosten für das Landhausviertel betragen etwas mehr als sechs Milliarden Schilling, jene für den Kulturbezirk rund zwei Milliarden. Im Juli 1993 gab der Baubeirat unter Vorsitz von Landeshauptmann Dr. Erwin Pröll „grünes Licht" für die Errichtung von Festspielhaus, Ausstellungshalle, Landesbibliothek und Landesarchiv. Maßgebend dafür war auch die gesicherte und fundierte Finanzierung des Hauptstadtbaues, die im wesentlichen durch den Verkauf von Landesvermögen – von bisherigen Verwaltungsgebäuden in der Wiener Innenstadt –, durch Mittel aus der EVN-Privatisierung, durch den Verkauf von Beteiligungen des Landes an Kapitalgesellschaften und durch Zinserträge erfolgte.

MEHR ARBEITSPLÄTZE. Bald nach der Hauptstadterhebung hat sich bewahrheitet, was die Raumplaner vorausgesagt hatten: Die Hauptstadt wird bedeutende Impulse für die Schaffung von Arbeitsplätzen vor allem im Dienstleistungsbereich in Niederösterreich bringen. Impulse erhielten vorerst die Bauwirtschaft und die damit verbundenen Gewerbe. Während der Bauzeit waren bis zu 1.000 Arbeiter allein im neuen Hauptstadtviertel beschäftigt. Dazu kommt, daß Dutzende Zentralstellen im gehobenen Dienstleistungsbereich bereits nach St. Pölten übersiedelt sind, weitere werden noch folgen.
Das ÖIR schätzt einen Beschäftigungszuwachs von 9.000 Arbeitsplätzen. Die Kaufkraft Niederösterreichs wird nach der Anlaufphase voraussichtlich um jährlich 8 bis 9 Milliarden Schilling zunehmen.
Landhausviertel und Kulturbezirk gehören heute auch zu den mit modernsten Kommunikationseinrichtungen ausgestatteten Standorten Österreichs. Sie können zu kostengünstigen Übertragungen von Sprache, Daten, Text und Bild genützt werden. Im Landesdienst sind sie ein Mittel zu einer bürgernäheren Verwaltung und dienen zugleich der Zentralisierung.

DIE GROSSE ÜBERSIEDLUNG. Die große Übersiedlung der rund 3.000 Landesbeamten von Wien nach St. Pölten erfolgte in einem generalstabsmäßig festgelegten Etappenplan. Das Gros der Beamten bezog im Herbst 1996 und Frühjahr 1997 seine neuen Büros im neuen Hauptstadtviertel. Fünf Speditionen aus Österreich und Deutschland beförderten 120.000 Kanzleischachteln und „25 Kilometer" Akten. Jeder Beamte mußte „seine" Kartons ein- und auspacken. „Dies hat sich bewährt", betonte Landesamtsdirektor Hofrat Dr. Karl *Kern*, „denn dadurch wanderte manche Ablage in den Papierkorb, und es fiel um rund 15 Prozent weniger Übersiedlungsgut an." Das heikelste Übersiedlungsgut waren die Tiere des Landesmuseums, die ebenso heil den Bestimmungsort erreichten wie die 4.000 Bilder und die 200.000 zum Teil historisch wertvollen Bücher und mehrere tausend unersetzbare Archivalien.

Festsitzung des NÖ Landtages nach der Übersiedlung von Wien nach St. Pölten am 21. Mai 1997. In den Abgeordnetenbänken des großen Sitzungssaales viel Prominenz aus Bund und Land (in der ersten Bank links Bundeskanzler Viktor Klima, der mehrmalige Vorsitzende des Bundesrates Herbert Schambeck und Verteidigungsminister Werner Fasslabend).

130.000 IM LANDHAUS. Die erste große Eröffnungsfeier des neuen Landhauses findet noch im Millenniumsjahr 1996 (1.000 Jahre nach der ersten Namensnennung Österreichs in Neuhofen an der Ybbs) am Tag des heiligen Leopold, des Landespatrons von Niederösterreich, statt. An diesem 15. November 1996 kann Landeshauptmann Dr. Erwin *Pröll* den Beginn einer neuen Ära in der Geschichte des Landes einleiten. Nicht weniger als 130.000 Personen werden bei dem dreitägigen Fest gezählt: bei der feierlichen Einweihung der Leopoldskapelle, der Segnung des Landhauses, dem Festakt im Festspielhaus und bei der Besichtigung der bereits fertigen Bauten im neuen Regierungsviertel.
Mit der Übersiedlung von Landtag und Landesregierung im Mai 1997 ist St. Pölten endgültig gemäß der Verfassung der Sitz von Legislative und Exekutive des Landes. Und am 21. Mai wird mit einer Festsitzung des Landtages unter Vorsitz von Landtagspräsident Mag. Franz *Romeder* der neue Sitzungssaal im „Schiff" eröffnet.

Hans Ströbitzer

SPECIAL **ICH LADE GERN MIR GÄSTE EIN**

Oben: Der deutsche Bundespräsident Roman Herzog (Mitte) im Gespräch mit LH Pröll (li.) und seinem österreichischen Amtskollegen Dr. Thomas Klestil. Ganz rechts: Landtagspräsident Mag. Franz Romeder.

Unten: Die Landeshauptleute von Wien und Burgenland Dr. Michael Häupl (li.) und Dr. Karl Stix (re.) mit Dr. Erwin Pröll.

Es war zweifellos ein ganz großer, ein historischer Tag für die niederösterreichische Landeshauptstadt: 25.000 Menschen feierten am 20. Juni 1998 mit dem Heiligen Vater, Papst Johannes Paul II., inmitten des neuen Landhausviertels einen Festgottesdienst. Für alle, die dabei waren und im Bann der Persönlichkeit des Pontifex standen, war es ein unvergeßliches Erlebnis. Aber gleichzeitig bedeutete dieser Besuch auch eine großartige Werbung für die Diözese und die Stadt St. Pölten sowie für das Land Niederösterreich und sein neues Zentrum.
Die Bilder mit der imposanten Kulisse der modernen Regierungs- und Verwaltungsbauten gingen via Bildschirm um die ganze Welt. Im nationalen und internationalen Rampenlicht stand die junge Landeshauptstadt aber auch schon vorher. Die auf das gelungene Werk zu Recht stolzen Niederösterreicher hielten sich an das Motto „Ich lade gern mir Gäste ein". Und die Einladungen zum „Hauptstadt-Schauen" wurden sehr gerne angenommen.
Bei der Festsitzung des Landtages am 21. Mai 1997 gaben sich die Spitzen der Republik ein Stelldichein an der Traisen. Und schon zwei Tage später konnte Landeshauptmann Dr. Erwin Pröll den ersten ganz großen Staatsbesuch in St. Pölten begrüßen: Das Neue Landhaus erhielt seine „internationalen Weihen", meinte Bundespräsident Dr. Thomas Klestil, als er seinen deutschen Amtskollegen Dr. Roman Herzog mit den Worten einführte: „Mein Stolz auf unser Land ist heute besonders groß. Was Sie, Herr Bundespräsident Dr. Herzog, in St. Pölten erwartet, ist ungewöhnlich genug: eine neue Hauptstadt, die jüngste in Europa. Ich freue mich, daß gerade Sie es sind, der als erstes ausländisches Staatsoberhaupt nach St. Pölten kommt." Und der sichtlich beeindruckte deutsche Bundespräsident stellte fest: „Die Übersiedlung von Wien nach St. Pölten ist sicher nicht mit dem Umzug von Bonn zu vergleichen, aber ein bißchen können wir vielleicht doch lernen. Besonders gelungen finde ich die Anbindung an die Stadt- und Flußlandschaft."
Der nächste Besuch aus Deutschland folgte auf dem Fuß, der baden-württembergische Ministerpräsident Dr. Erwin Teufel zeigte sich ganz besonders interessiert. Er hat, wie er betonte, das niederösterreichische Hauptstadtprojekt von Anfang an sehr aufmerksam verfolgt (schließlich gilt in seinem großen, wirtschaftlich erfolgreichen Bundesland der Spruch „Schaffe, schaffe, Häusle baue" geradezu als Markenzeichen). Und er machte den Nieder-

österreichern ein besonders schönes Kompliment: „Der Hauptstadtbeschluß war ein mutiger Schritt, seine Umsetzung eine Meisterleistung!"
Weitere Eintragungen in das Gästebuch des Neuen Landhauses ließen nicht lange auf sich warten. Der Südtiroler Landeshauptmann Dr. Luis Durnwalder und eine Reihe österreichischer „Landesfürsten" sowie der Ministerpräsident Flanderns und Präsident der Versammlung der Regionen Europas, Luc van den Brande, waren einige der prominentesten Gäste, die schon im ersten Jahr der neuen Landeshauptstadt ihre Reverenz erwiesen. Parlamentarier- und Expertendelegationen kamen unter anderem aus Weißrußland, Norwegen und Polen.

Auf besonderes Interesse stieß dabei immer wieder die moderne Kommunikationstechnologie. Sie ermöglicht es letztlich, das Motto „Näher zum Bürger, schneller zur Sache" tagtäglich in die Verwaltungsrealität umzusetzen. Unter diesem Aspekt führte ein Besuch aus einem fernen Land auch schon zu einem konkreten Ergebnis: Im Juni 1998 vereinbarten im Neuen Landhaus der Ministerpräsident der Östlichen Kap-Provinz, Reverend Makhenkesi Arnold Stofile, und Landeshauptmann Dr. Erwin Pröll, daß Fachbeamte aus Südafrika Verwaltungspraktika an der Traisen absolvieren können.
Eine „Feuerprobe" bestand die Technik im Neuen Landhaus – und damit kehren wir an den Ausgangspunkt dieses Kapitels zurück – auch beim Besuch des Heiligen Vaters. Rund 200 Journalisten aus aller Welt zeigten sich beeindruckt und begeistert von den Möglichkeiten im Pressezentrum, das im „Landtagsschiff" eingerichtet wurde. Für einige Stunden waren St. Pölten und sein Landhausviertel mit der ganzen Welt verbunden und in den Mittelpunkt gerückt.

Herbert Waldhauser

Links: Premierminister Stofile bei LH Pröll.
Ganz oben: Papst Johannes Paul II. wird auf dem Domplatz von LH Pröll begrüßt. Vorne links Diözesanbischof Krenn, hinter dem Papst Kardinal Schönborn, in der Mitte Nuntius Squicciarini.
Oben: Rund 25.000 Gläubige nahmen am Papstgottesdienst auf dem Landhausplatz teil.

Profilierung

DURCH ARCHITEKTUR

Der Landhaus-Boulevard ist der repräsentative Zugang zum Landtag und zum Amtssitz des Landeshauptmanns.

Als die NÖ Landeshauptstadt Planungsges. m.b.H. (NÖPLAN) am 13. September 1991 die Pläne für das Hauptstadtprojekt St. Pölten zum Behördenverfahren einreichte, meinten Skeptiker: „Da wird noch viel Wasser die Traisen hinunterlaufen, ehe dieses Projekt steht." Sie sollten gewaltig irren. Exakt fünf Jahre nach dem Spatenstich war die größte Übersiedlung in der Geschichte eines Bundeslandes abgeschlossen, das historische Hauptstadtprojekt von der NÖPLAN umgesetzt und einer der modernsten Stadtteile Europas geschaffen. Um 15 Monate früher als geplant.
Ein Distrikt hoheitlicher Verwaltung, eine „Tintenburg" wird da entstehen, ätzten Populisten bis zuletzt. Der zweite Irrtum. Mehr als 750.000 Besucher kamen seither „Hauptstadt schaun". Der „Klangturm" hat sich inzwischen tatsächlich zum neuen Wahrzeichen der jungen Landesmetropole entwickelt, das Niederösterreichische Festspielhaus – Aushängeschild des neuen NÖ Kulturbezirkes – lag mit 85.000 Besuchern

Auf dem Reißbrett entworfen und doch organisch in die Stadtlandschaft eingefügt: das neue Landhausviertel zwischen Altstadt und Traisen. Zum Fluß vorspringend das Landhausschiff, rechts davon der Amtssitz des Landeshauptmanns. In der Bildmitte hinten der Klangturm, rechts davon der Block von Landesarchiv und Landesbibliothek. Rechts davon zurückversetzt das geschwungene Eingangsdach der Shedhalle. Jenseits des weiten Platzes das Festspielhaus; dahinter das mittlerweile eröffnete Landesstudio des ORF. Vor der Landesbibliothek der Landhauspark und ganz im Vordergrund das Tor zum Landhaus.

Benutzerfreundlichkeit wird im Neuen Landhaus ganz groß geschrieben. Moderne Orientierungs- und Kommunikationssysteme machen aus dem Regierungsviertel ein Reich des Bürgers.

im ersten Berichtsjahr über den Erwartungen. Und es zeigt sich, wie wichtig es war, die Errichtung der Landesbibliothek und des Landesarchivs vorzuziehen. Mit diesem Umfeld und der NÖ Landesakademie vis-à-vis gewann wissenschaftliches Arbeiten in St. Pölten deutlich an Stellenwert.
„Das war's dann, das Hauptstadtprojekt. Für anderes ist ja kein Geld mehr da."
Der dritte Irrtum der Skeptiker.
Längst liegt der Beschluß für das neue NÖ Landesmuseum vor, mit dem die Lücke im Kulturbezirk geschlossen und erstmals ein Museumsprojekt von Prof. Hans *Hollein* in Österreich realisiert wird: angrenzend an die Shedhalle, die der „Altmeister der Architektur" als ersten Baustein des Kulturbezirkes in der NÖ Landeshauptstadt konzipiert hat. Nach der Beengtheit in Wien kann das neue Landesmuseum künftig aus dem Schatten der Wiener Museumslandschaft heraustreten. Als Projekt ins nächste Jahrtausend soll das Landesmuseum 2001 zur Ausstattung übergeben werden.
Was dem St.-Pölten-Besucher heute entgegentritt, überschattet nicht als protziges Monument das organisch entwickelte Gefüge der barocken Altstadt. Vielmehr rückt das neugestaltete Regierungs- und Kulturareal die Stadt näher an die Traisen heran und bereichert dadurch das historische Stadtgesicht um eine harmonisch integrierte Komponente. Landeshauptmann Pröll meinte dazu: „Wir haben uns mit dem Hauptstadtprojekt die Latte hochgelegt – und sie noch übersprungen." Begeben wir uns auf einen Rundgang durch dieses neue Stadtquartier.

DAS NEUE NÖ LANDHAUS. Der Bau eines neuen Regierungs- und Bürgerservicezentrums mit integriertem Kulturbezirk ist einzigartig in der Geschichte Österreichs. Das Areal erstreckt sich zwischen der Traisenbrücke und der Julius-Raab-Brücke auf 600 Meter Länge. Der Autoverkehr wird um das Landhausviertel herumgeleitet bzw. in zwei Garagen-Ebenen (1.450 Stellplätze) darunter gelenkt. Nur die öffentlichen Busse oder Radfahrer rollen oberirdisch. Der Landhauskomplex selbst präsentiert sich mit insgesamt 17 Gebäuden entlang des Flusses und besticht durch seine lockere Bebauungsstruktur. 2.800 Landesbedienstete sind hier tätig. Die Nahversorgung erfolgt durch eine eigene Einkaufsstraße, den „Landhaus-Boulevard".
Wer das NÖ Landhaus – offizielle Anschrift Landhausplatz 1 A – betritt, sieht vor sich vorerst einmal den Portier, den einzigen im gesamten Areal. Er verfolgt über Bildschirme rund um die Uhr alle Vorgänge. Gleichzeitig ist dieser Bereich die zentrale Informationsstelle für alle Besucher. Eine elegant geschwungene Wendeltreppe führt zu Räumlichkeiten des Landespressedienstes, in denen in- und ausländische Journalisten nach Pressekonferenzen ihre Artikel verfassen können.
Rechts vom Eingang ins Haus 1 A erblickt der Gast einen Gedenkstein aus Carrara-Marmor. Er wurde von Papst *Johannes Paul II.* bei seinem Österreich-Besuch 1988 im Wiener Stephansdom als Grundstein für das Landhausviertel St. Pölten gesegnet. Den Marmorblock – geschaffen vom Künstler Peter *Paszkiewicz* – zieren oben die apostolischen Insignien und die Siegel der Diözese St. Pölten und der Erzdiözese Wien. Gleich daneben ist der Lichtkalender der

Künstlerin Brigitte *Kowanz* installiert. Zwischen dem Ziffernspiel zeigt er abwechselnd Tag und Monat.
In vielen Bereichen des Landhausviertels erblickt der Besucher moderne Kunstwerke. So ist das Atrium im Haus 1 A nicht nur Lichthof, sondern bietet Platz für ein Kunstwerk von Bruno *Gironcoli*: eine Aluminiumgußplastik, vom Künstler mit dem Namen „Figur V mit drei Trauben" bedacht. Sie wurde – ebenso wie der daneben befindliche Baum, der das Blühen des Landes symbolisieren soll – 1997 mit einem Hubschrauber eingeflogen. Links vom Foyer-Eingang gibt es einen sogenannten „Euro-Info-Point", der über alle Bereiche der EU informiert.

Mit dem Lift geht es hinauf bis zur fünften bzw. sechsten Etage. Dort residiert der Landeshauptmann von Niederösterreich mit seinem Stab. Darunter sind das Landtagspräsidium und die Landtagsdirektion erreichbar. Sieben Sitzungssäle verteilen sich von Ebene 2 bis 6: Ostarrichi-Saal, Industrieviertel-Saal, Mostviertel-Saal, Waldviertel- und Weinviertel-Saal sowie der Millenniums-Saal und der Regierungssitzungssaal. Unmittelbar beim Lift im Foyer erblickt der Besucher einen großen verglasten Raum mit Sichtschutzlamellen. Dies ist der Leopold-Saal, ein Mehrzwecksaal für unterschiedlichste Nutzungsmöglichkeiten, der ca. 100 Personen Platz bietet. Seine beiden Tore an der West-Seite können geöffnet werden

Einladend öffnet sich die Halle des Landhausschiffs den Besucherinnen und Besuchern.

Ohne Schaden hat das Neue Landhaus das Jahrhunderthochwasser des Jahres 1997 überstanden.

Die Kopfskulptur von Hans Kuppelwieser ist eines der zahlreichen modernen Kunstwerke, die das Neue Landhaus zieren.

und bilden danach – etwa für große Feierlichkeiten – eine Einheit mit der dahinter befindlichen Landhaus-Kapelle, die dem hl. Leopold, dem Landespatron Niederösterreichs, geweiht ist. Sie ist ein Andachtsraum, aber nicht Mittelpunkt einer eigenen Pfarre. Liturgische Handlungen sind in der St. Pöltner Dompfarre anzumelden. Sie ist eine katholische Kapelle, jedoch ausgerichtet auf den Dialog und die ökumenische Zusammenarbeit mit allen Kirchen, insbesondere mit der evangelischen und der altkatholischen Kirche.

Die künstlerische Ausgestaltung erfolgte nach einem Wettbewerb. In der Jury: die hohe Geistlichkeit Niederösterreichs, Kunstschaffende, Architekten und Mitglieder des Gutachtergremiums. Zehn Künstler wurden von der Jury zum Wettbewerb eingeladen, letztendlich Prof. Arnulf *Rainer* beauftragt, seine eingereichte Arbeit zu realisieren. Das Altarbild zeigt ein „Schlangenkreuz" als Symbol des Bösen, der Verführung – und eine schwarze Hand, die dies abhalten soll. Zum Ergebnis meinte die Jury, daß Prof. Rainer damit eine umfangreiche Auseinandersetzung mit dem Symbol des Kreuzes geschaffen hat. Besonders gewürdigt wurde die Vielschichtigkeit und die Darstellung des Ausdrucks, eine Assoziation zur österlichen Botschaft der Auferstehung. An der Südseite des in Weiß gehaltenen Andachtsraumes erblickt man eine Übermalung des hl. Leopold. Beide Werke entstanden im Atelier des Künstlers in New York. Altar und Ambo wurden ebenfalls von Arnulf Rainer gestaltet. Im Altar sind Reliquien des hl. Leopold eingelassen.

DAS LANDTAGS-„SCHIFF". Markantes Aushängeschild des politischen Zentrums im Landhausviertel St. Pölten ist der Landtags-Sitzungssaal, das „Schiff". Deswegen so genannt, weil es in seiner Form an ein Schiff erinnert und in den Flußraum der Traisen hineinragt. Bei der Planung des neuen Landtags-Sitzungssaales hat sich Architekt DI Ernst *Hoffmann* am historischen Saal im alten NÖ Landhaus in Wien orientiert. Selbst die Sitzordnung der Fraktionen wurde beibehalten, sie unterscheidet sich allerdings grundlegend etwa vom Parlament in Wien. Im NÖ Landtag sitzen die Mitarbeiter, die für das Protokoll verantwortlich sind, „oben", Regierung und Landtagspräsidiumsmitglieder in der ersten Reihe „unten", dahinter die Abgeordneten. Abgeordnete können ihre Stimme schonen und über eine Konferenz-Anlage sprechen. Selbst Abstimmungen wären elektronisch möglich. Ideale Voraussetzungen, um im „Schiff" auch internationale Tagungen abzuhalten.
Besucher von Landtagssitzungen erwartet in St. Pölten ebenfalls eine Verbesserung:

Nunmehr stehen zwei Besuchergalerien zur Auswahl, und zusätzlich gibt es eine Pressetribüne. Der ORF Niederösterreich hat ein Sonderstudio für Live-Schaltungen und Interviews installiert. Völlig neu ist ein „Besucher-Foyer" in der obersten Ebene. Dort kann man sich mit seinem Abgeordneten treffen und kommunizieren. Auffallend in dieser Ebene ovale Granitfindlinge aus dem Waldviertel. Es sind neun Stück, und sie symbolisieren die neun Bundesländer der Alpenrepublik. Die Aussicht reicht bis zum Dunkelsteinerwald.
Eine sogenannte „Milchbar" darunter ergänzt die Einrichtung des Besucher-Foyers. Gleichzeitig können diese Bereiche und die gastronomische Infrastruktur für Empfänge genützt werden. Im neuen NÖ Landhaus verfügen nur der Landtagssitzungssaal und die großen Veranstaltungsräume über eine Klimaanlage. Auf Wunsch der MitarbeiterInnen wurden die Büros mit einer sogenannten Stützlüftung versehen. Diese bläst ganz schwach auf der selben Seite in den Raum, auf der auch wieder abgesaugt wird. Zugluft wird somit vermieden, und die Zahl der Erkrankungen konnte gesenkt werden. Eine Sonderschau im Parterre des Landtags-„Schiffes" informiert Besucher über die Geschichte des Landes und das Hauptstadtprojekt. Ergänzt wird diese Sonderschau mit einem Dokumentations-Video. Von hier aus starten alle Führungen des Besucherdienstes, den das Land Niederösterreich eingerichtet hat.
Das Landtags-„Schiff" ist über zwei Brükken erreichbar: jene, die Besucher über ein künstliches Wasserbecken vom Landtagsplatz in das Haus führt, und eine im zweiten Geschoß – die direkte Verbindung vom Sitzungssaal zum Haus 1 – mit 120 Metern das längste Gebäude im Landhausviertel. Nach der Übersiedlung von Wien hat dort jeder Abgeordnete erstmals ein eigenes Büro. In diesem Trakt sind weiters die Räumlichkeiten der politischen Fraktionen untergebracht, ebenso die Arbeitsplätze der Regierungsmitglieder. Was Besuchern auffällt, ist die gläserne Brücke darunter, unter Mitarbeitern inzwischen „Südost-Tangente des Landhauses" genannt. Sie ist nicht nur Verbindungsgang zwischen Bürotrakt, Haus 1 A, Landtags-„Schiff" und Speisepavillon, sondern auch Ausstellungsebene, von der Kulturabteilung zur öffentlichen Präsentation ihrer Schätze genützt.

Landhausschiff (links) und Klangturm (oben) sind die beiden Wahrzeichen des neuen Regierungs- und Kulturbezirks. Details fügen sich in den Rahmen der großzügigen Architektur harmonisch ein.

Zwischen zwei Sitzungen laden Kaffeehäuser und Restaurants am Landhaus-Boulevard zur Stärkung ein.

WASSERBECKEN & HOCHWASSER-SCHUTZ. Begehrtestes Fotomotiv im Landhausviertel ist neben dem Klangturm natürlich das Landtags-„Schiff" in seinem künstlichen Wasserbecken am Flußufer. Dieses ist notwendig, da die friedliche Szenerie der Traisen täuscht. Zwei Drittel des Jahres führt sie Niederwasser, kann jedoch binnen weniger Stunden zu einem gefährlichen Strom anschwellen, vor allem in Zeiten, wo Schneeschmelze und Regen zusammentreffen.

Das Landhaus-Wasserbecken hat eine Größe von 180 x 23 Meter und eine Wassertiefe zwischen 40 und 70 Zentimeter. 23 Wasserfontänen sind am Beckenrand installiert, für variable Anreicherung des Wassers mit Sauerstoff. Das Becken wird mit Wasser aus dem Fluß gespeist. Der Traisen-Donau-Voralpen-Radwanderweg verläuft direkt zwischen dem Traisen-Fluß und dem Landhaus-Becken. Entlang des Landhausplatzes wurden Sitzstufen errichtet, zur Rast oder fürs Sonnenbad.

Von hier aus bietet sich der schönste Blick zum NÖ Landhaus und zum Landhaus-Boulevard: einer Einkaufsstraße, die für 30 kleine Läden konzipiert ist. Vorrangig für die Eigenversorgung der 3.000 Beschäftigten in diesem Stadtteil und als Nahversorger für die neuen Wohngebiete am gegenüberliegenden Traisen-Ostufer. Auf der Uferseite zum Boulevard hin haben sich bereits erste Schanigärten etabliert. Ein eigener Steg über den Fluß erleichtert Fußgängern und Radfahrern die Verbindung mit dem Landhausviertel und der barocken Altstadt.

Die Bauten im NÖ Landhausviertel St. Pölten wurden nach Niederösterreichs Bezirken, Bezirkshauptstädten und Statutarstädten benannt.

Haus 1 Nord: Bruck an der Leitha; Haus 1 Süd: Korneuburg; Haus 2: Tulln; Haus 3: Mistelbach; Haus 4: Krems; Haus 5: Hollabrunn; Haus 6: Gänserndorf; Haus 7: Horn; Haus 7 A: Gmünd; Haus 8: Waidhofen an der Thaya; Haus 9: Zwettl; (Haus 10: nicht gebaut); Haus 11: Wien-Umgebung; Haus 12: Baden; Haus 13: Mödling; Haus 14: Neunkirchen; Haus 15: Melk; Haus 15 A: Scheibbs; Haus 15 B: Wiener Neustadt; Haus 16: Lilienfeld; Haus 16 A: Waidhofen an der Ybbs; Haus 17: Amstetten; Haus 17 A: Landesakademie St. Pölten.

ERLEBNISWELT KLANGTURM. Berlin hat den Funkturm, Paris den Eiffelturm, St. Pölten den Klangturm. In seiner Funktion einzigartig in Europa. Er ist Wahrzeichen des Landhausviertels, Aussichtsturm, Informationsstelle, Mail-Box, Leuchtturm, ein Kunstwerk und ein Klanginstrument. In drei Ebenen sind Klangräume in Form von Kugeln mit einem Durchmesser von 5,70 m angebracht. Bis zu 25 Besucher haben in solch einer Kugel Platz.

In der obersten Kugel sind Soundinstallationen zu hören. Die mittlere Ebene wird für interaktive Projekte genutzt, in denen das Publikum mitkomponieren kann. Die unterste Klangkugel ist den „Global-Kids" vorbehalten, für die eigene pädagogische Programme entwickelt wurden, die den Umgang mit Klängen spielerisch erproben lassen. Die Effektbeleuchtung ist am Abend weithin sichtbar.

Weltpremiere feierte der Klangturm am 15. November 1996. Mit dem Panoramalift auf der Südseite ist die Aussichtsplattform in 46,88 Meter Höhe erreichbar. An der

Spitze ist der ORF-Sendemast angebracht, wodurch der Klangturm eine Gesamthöhe von 76,67 Meter erreicht. Eine City-Kamera zeichnet das Wetter auf. Gesamtgewicht des Klangturms: 650 Tonnen. Ein Blick hinüber zum Domturm zeigt deutlich, wie nahe das Landhausviertel zur barocken Altstadt gerückt ist.

NIEDERÖSTERREICHISCHES FESTSPIELHAUS. Mit dem Kulturbezirk in dieser Form entstand in St. Pölten ein wunderbar komponiertes Ensemble von Kulturbauten, die bestens geeignet sind, in Niederösterreichs neuer Landeshauptstadt ein gesellschaftliches Leben von neuer Qualität hervorzubringen.

Zwei Wege führen vom Klangturm in den Kulturbezirk hinüber: vorbei am Landhauspark oder über breite Stufen zwischen Landesbibliothek und Landesarchiv hindurch zum Franz-Schubert-Platz. Entree und gleichzeitig Herzstück bildet das vom Grazer Architekten Univ.-Prof. Klaus *Kada* entworfene Niederösterreichische Festspielhaus.

Mit dem Glasmuseum in Bärnbach (Steiermark) hat Kada sich erstmals international einen Namen gemacht, und in St. Pölten setzte er den Werkstoff Glas ebenfalls dominant ein. Dies zeigt am besten ein Blick vom Garderoben-Foyer über das Stiegenhaus hinauf zum blau verglasten Haydn-Saal (230 Sitzplätze).

Lichtzäsuren und transparente Fassaden verwischen die Grenzen von innen und außen, sodaß das Foyer für die Haupterschließung mit der freien Garderobe als Teil der davorliegenden Platzräume erscheint und somit ein „offenes Haus" ohne Barrieren suggeriert. Selbst die Schräge des Schubert-Platzes setzt sich im Foyer fort. Eine Rolltreppe führt direkt von der Garderobe in die Tiefgarage. Mit einer Glaskuppel umhüllt ist auch der Große Saal. An Spielabenden ist sie hell hinterleuchtet und bis in die Altstadt sichtbar. 1.034 Sitzplätze und ca. 100 Stehplätze stehen im Großen Saal zur Verfügung, und nicht selten ist er gefüllt bis auf den letzten Platz.

Links: Ein multifunktionales Gebäude ist der Klangturm, der – magisch strahlend – auch des Nachts den Standort des neuen Machtzentrums markiert.
Unten: Das Festspielhaus ist in kurzer Frist zu einem neuen Brennpunkt des gesellschaftlichen Lebens St. Pöltens geworden.

Mit dem Landesstudio von Gustav Peichl ist der ORF auch in Österreichs jüngster Landeshauptstadt unübersehbar präsent.

Der Haydn-Saal dient für Kammerkonzerte und ist so flexibel geplant, daß er unter anderem Ausstellungen, Lesungen oder Theater aufnehmen kann. Seine variable Akustik mittels raumhoher, drehbarer Paneele und die natürliche Belichtungsmöglichkeit durch Ober- und Seitenlicht bereichern seine Funktionalität. In den letzten beiden Geschoßen sind der Schönberg-Saal (als Probebühne) und der Sternensaal für Ballett-Training untergebracht. Künstlergarderoben, Organisation, Technik und Verwaltung sind hinter dem Bühnenturm im Westen zur Stadt hin angeordnet.
Begeistert sind Besucher von der Akustik im Haus, überrascht von der Farbgebung im Großen Saal: die Sitze anthrazit/hellgrau gestreift, die Wände lachsfarbig und türkis. Lediglich ein Stück dunkelroter Samt als Stiegen-Handlauf an der Haupttreppe erinnert an Theaterszenerie vergangener Jahrhunderte. Der Teppich in den Gängen ist hellgrau, damit sich die Gäste in ihrer festlichen dunklen Kleidung abheben und sich ins Rampenlicht gerückt fühlen.
Die Bühnenfläche im Großen Saal hat ein Ausmaß von 462 Quadratmetern, eine Spielbreite von 20 Metern sowie zwei Orchesterpodien, die stufenlos bis zu sechs Metern abgesenkt werden können. Der Orchestergraben bietet bis zu 85 Musikern Platz. 14.500 kg schwer ist die Kurtine, der eiserne Vorhang, einer der größten in Österreich, den die Tiroler Künstlerin Eva *Schlegl* gestaltet hat. Sie nahm sich die Insignien des Kommunikationszeitalters zur Vorlage und ließ das „Flimmern" eines Monitors vergrößern. Im Bühnenhintergrund befindet sich der Schnürboden mit 35 Seilzügen und bis zu 22 Metern Höhe. Von einer Regieebene in oberster Etage werden Ton und Licht gesteuert. Live-Übertragungen in alle Erdteile sind möglich.
Es soll nicht der Eindruck entstehen, dieses Festspielhaus sei errichtet worden, um mit Festspielen in Bregenz oder Salzburg zu konkurrieren. Keineswegs. Das Land Niederösterreich wollte im Landhausviertel einen Festsaal für große Empfänge, Ehrungen oder zeremonielle Anlässe. Die Hauptstadtplaner entwickelten daraus ein Haus für Fest und Spiele, mit einer Vielfalt an Möglichkeiten.
So ist der Bau heute ein mögliches Ausweichquartier für das zu klein werdende alte Stadttheater, kann internationale Musical-Tournee-Produktionen aufnehmen, und ist überdies für Kongresse geeignet. Das Festspielhaus in St. Pölten ist für ein Einzugsgebiet von 300.000 Menschen ausgerichtet und schließt eine Lücke zwischen Wien und Linz.

BIBLIOTHEK & ARCHIV. Vis-à-vis vom Festspielhaus wurde das Projekt des Perchtoldsdorfer Architekten-Trios *Katzberger, Billy, Loudon* umgesetzt: links die Landesbibliothek, rechts das Landesarchiv. Die Landesbibliothek rückt durch ihre neue Adresse näher zur Donauuniversität Krems und direkt an den Standort der Landesakademie, die im Haus 17 A neben dem Archiv eingezogen ist. Eine Vernetzung mit den Stiftsbibliotheken wird ins Auge gefaßt. Sonderbereiche wie etwa die Sammlung topographischer Ansichten und die Kartensammlung ergänzen den Lesesaal. Auf dem begrünten Flachdach gibt es ein 250 Quadratmeter großes Leseatrium. Das Erdgeschoß bleibt der Verwaltung und der

Restaurierwerkstätte vorbehalten. In einer Loggia steht ein Veranstaltungs- und Ausstellungsraum zur Verfügung. 400.000 Bände finden in einer fahrbaren Regalanlage im Untergeschoß Platz, in einem dreigeschossigen Vertikalmagazin weitere 100.000 Bände.
Beide Baukörper wurden in einer minimalistisch-stillen Architektur geplant, die ihrem Wesen nach zeitlos ist. Sie sind von einem kleinen Hain aus zugänglich, dessen Bäume Schatten spenden. Der L-förmige Block des Archivs beherbergt in seinem schmalen, südlichen Schenkel einen über sechs Meter hohen Lesesaal. Der breite Osttrakt dient als Speicher, wobei die sieben Regalgeschosse über eine von oben belichtete Raumschicht mit Kaskadentreppen, kurzen Brücken und Galerien effizient und zugleich effektvoll verbunden sind.

SHEDHALLE. Den vorläufigen Abschluß des NÖ Kulturbezirkes im Süden des Schubert-Platzes bildet die Shedhalle (Shed ist ein Begriff aus der Industriearchitektur) von Architekt Prof. Hans *Hollein*. Sie kann getrennt oder angekoppelt an das künftige Landesmuseum für große eigene oder fremde Wechselausstellungen verschiedenster Größe und Themen genutzt werden. Den Besucher empfängt eine wellige Glasdachkonstruktion, die – in Anlehnung an die neun österreichischen Bundesländer – von neun runden, unterschiedlich geneigten Stahlstützen gehalten wird. Vom zentralen Foyer aus werden Café, Shop und Vortragsräume erschlossen. Zum Skulpturengarten und zur Terrasse gibt es eigene Ausgänge. Im Untergeschoß befinden sich die Anlieferung samt Zollfreilager, die Haustechnik sowie Sanitär- und Lagerräume.
Insgesamt stehen 1.200 Quadratmeter Ausstellungsfläche zur Verfügung. Ein weißer Raum in angenehmen Proportionen empfängt den Besucher nach dem Kassenraum. Die nach Süden geneigte Dachfläche beschattet, die senkrechten, nordseitigen Glasfenster belichten. Eine kleinere Ausstellungsfläche ist im 1. Stock plaziert.
Bis zur Errichtung des neuen Niederösterreichischen Landesmuseums dient die Shedhalle vorübergehend als Außenstelle des Museums in der Landeshauptstadt. Ein Teil des künftigen Museumsparks ist jetzt schon angelegt und bildet den grünen Übergang zum neuen Landesstudio des ORF Niederösterreich und zum dahinterliegenden Hammerpark.

DER GRÜNE PUFFER. Mit Fertigstellung des Landhausviertels bieten sich in der Landeshauptstadt St. Pölten drei neue öffentliche Parkanlagen für Erholung und Freizeit an sowie eine Reihe von zusätzlichen grünen Freiräumen: Landhauspark, Wasserpark, Duft- und Steineweg, Museumspark, Landhausanger, Landhaus-Allee und die Traisen-Promenade. Insgesamt sollte das Quartier ein Ensemble werden, dessen gestaltprägende Vegetationselemente Erinnerungsqualität haben.
Der Landhauspark, als „grüner Puffer" zur Altstadt, wird bereits angenommen und hat sich durch die Skateboard-Bahn, Inline-Skating und Streetball zu einem Treffpunkt der Kids entwickelt ... Angrenzend daran entstand der Duftweg, ein mehr als 280 Meter langes Staudenbeet entlang dem Hauptweg im Landhauspark in Nord-Süd-Richtung. Danach wurde eine weitere Einlagerung vorgenommen: der „Weg der Steine". Er soll an die Vielfalt des Landes erinnern und könnte als Lehrpfad für Schulen dienen. In Zusammenarbeit mit dem Geo-

Die Shedhalle von Hans Hollein wird später in den Komplex des Landesmuseums integriert werden.

logischen Dienst des Landes Niederösterreich wurden die wichtigsten Gesteinsvorkommen von Gemeinden und Steinbrüchen gespendet und hier in einer einmaligen Aktion versetzt.
Selbst das „Weinland Niederösterreich" ist im Landhausviertel St. Pölten vertreten: Am Landhausanger entsteht ein Weingarten, dessen Reben Niederösterreichs Traditionsweingüter spenden.

KUNST IM ÖFFENTLICHEN RAUM. Als Mekka der Architekturtouristen bereits positioniert, gilt das Landhausviertel St. Pölten mit seinen Freiflächen und zugänglichen Bereichen längst als öffentliche „Kunstwerkstatt": Plastiken, Skulpturen, Installationen und audiovisuelle Arbeiten bis hin zu Malerei und Grafik sind für alle sichtbar, die durch das an der Traisen gelegene Quartier flanieren. Ein Prozent der Gesamtbausumme (ca. 40 Millionen Schilling) wurde für „Kunst im öffentlichen Raum" ausgegeben. Es war dies der größte Wettbewerb dieser Art in Österreich: 700 Künstler haben dazu die Ausschreibung behoben. 384 von ihnen nahmen letztlich die Herausforderung an. 22 qualifizierten sich für die zweite Wettbewerbsstufe, wo schließlich neun Ideen prämiert wurden.
Die Preisträger: „Four Gates – Videoinstallation" von Dara *Birnbaum* (New York), „Versunkenes Zimmer" von Christoph *Steffner* (Altenmarkt) sowie die Wiener Richard *Hoeck* („Wegweiser"), der schon erwähnte Bruno *Gironcoli* („Figur V mit drei Trauben"), Heimo *Zobernig* („Alphabet"), Thomas *Stimm* („Blumen") und die beiden Niederösterreicher Josef *Danner* („Plakatobjekt"), Hans *Kuppelwieser* („Kopfskulptur") und der Turiner Michelangelo *Pistoletto* („Die existierenden Dinge wissen, daß sie existieren").
Mit Errichtung des Landesmuseums entstehen weitere attraktive Freiflächen. Den Hauptstadtplanern bleibt daher ein Spielraum, um spätere Entwicklungen und Erkenntnisse zur künstlerischen Ausgestaltung des Landhausviertels umsetzen zu können. Die Vorgabe bleibt: eine lebendige Auseinandersetzung mit der Kunst unserer Zeit zu schaffen.
Außerhalb der Wettbewerbe haben SchülerInnen des BORG (Bundes-Oberstufenrealgymnasium) St. Pölten ein weiteres Kunstwerk geschaffen: ein eindrucksvolles Symbol für Toleranz, aufgestellt im Landhauspark. Rund hundert individuell gestaltete Keramik-Puzzlesteine fügen sich zu einem harmonischen Ganzen zusammen. Die Toleranz-Säule ist fünf Meter hoch.
Bereits in der Projekt-Vorbereitungsphase sahen Planer und Architekten definierte Bereiche für „Kunst im Innenraum" vor. Diese Auftragsarbeiten zieren seit September 1997 die zentralen Räumlichkeiten des NÖ Landhauses. Die Auswahl: Franz *Graf* („Tuschewandmalerei") für das Haus 1 A, 2. Obergeschoß; Brigitte *Kowanz* („Lichtkalender"), Foyer Haus 1 A; Walter *Vopava* („Wandbild") für den Industrieviertel-Saal; Gunter *Damisch* („Blaugelbfeld – Weltenweg") für den Ostarrichi-Saal; Eva *Schlegl* (Eiserner Vorhang Festspielhaus). Das Wappen im Landtags-Sitzungssaal ist ein Werk von Gero *Schwanberg*. Die Lichtinstallationen von Ruth *Schnell* wurden in der NÖ Landesakademie angebracht.

Fünf Meter hoch ist die „Toleranzsäule" im Landhauspark, die von SchülerInnen des Bundes-Oberstufenrealgymnasiums St. Pölten gestaltet wurde.

AUSBLICK. Für die Entwicklung des Hauptstadtprojektes gab es weltweit wenig Beispiele, seitens der NÖPLAN aber immer zwei Ziele: Schaffung der Infrastruktur in Planungsphase eins. Damit soll der Impuls für die zweite Phase der Entwicklung zu einer vollwertigen Landeshauptstadt für die Ansiedlung und Übersiedlung von Institutionen, Investoren und Aktivitäten gesetzt werden.
Mit Neubauten der Landes-Landwirtschaftskammer, der VP- und SP-Landesparteizentralen machen sich 1999 die nächsten Übersiedler von Wien nach St. Pölten auf den Weg, rückt das Entwicklungsgebiet rund um das Landhausviertel und den Kulturbezirk verstärkt ins Blickfeld. Besonders das Traisen-Ostufer als neuer Wohnstadtteil in attraktivster Zentrums-Grünlage, wofür die NÖPLAN schon Vorstudien betrieb.
Angestrebt für diesen Standort wird eine anspruchsvolle Architektur, passend zum Landhaus gegenüber, in Kooperation mit Gemeinnützigen und frei finanziertem Wohnbau. 350 Wohnungen in unterschiedlichen Wohnformen für unterschiedliche Zielgruppen könnten dort errichtet werden.
Im Bereich Sport denkt das Team um die Hauptstadtplaner ebenfalls voraus: Ergänzend zur Landessportschule und ATP-Tennis-Arena ist das Projekt multifunktionelles Stadion St. Pölten politisch „abgesegnet". Hauptstadtplaner *Steiner*: „Die Auswahl verschiedener Architekten im Landhausviertel St. Pölten erfolgte bewußt, um die vielfältigen baulichen und architektonischen Auffassungen in der engagierten österreichischen Architektur von heute zu dokumentieren. Eine der spannendsten Aufgaben in der Zweiten Republik." Und ein deutscher Journalist meinte: „Wien ist anders, aber das Projekt St. Pölten etwas Besonderes."

Peter Bylica

Plan des Landhausviertels
mit Kulturbezirk.

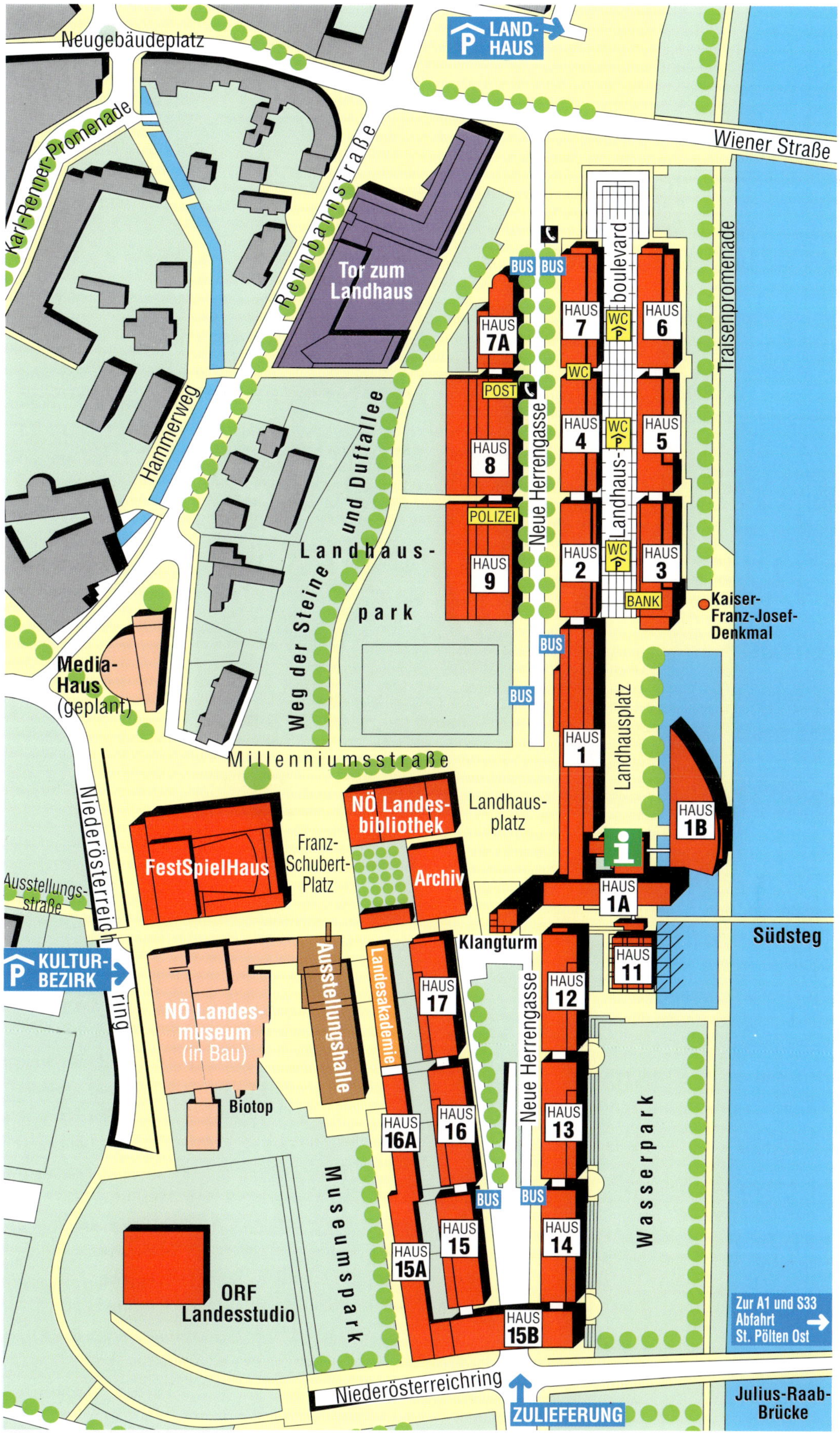

SPECIAL

HAUS DER STÄNDE – HAUS DER BÜRGER

Der historische Sitzungssaal in der Wiener Herrengasse hat so manches bedeutsame Ereignis gesehen. Hier die konstituierende Sitzung der Provisorischen Nationalversammlung der deutschsprachigen Abgeordneten zum Reichsrat am 21. Oktober 1918.

Der neue Sitzungssaal, durch dessen Glasfassade der Blick weit hinaus ins Land geht, macht besonders deutlich: Wir sind vom Haus der Stände in Wien in das Haus der Bürger in St. Pölten übersiedelt", betonte Landeshauptmann Erwin Pröll am 21. Mai 1997 bei der ersten, festlichen Sitzung des NÖ Landtages an der Traisen. In einem Bau, den der bekannte Architekturkritiker Jan Tabor geradezu euphorisch beschreibt: „Der Landtag steht imposant vor der überwiegend geschlossenen Uferfront, wächst gleichsam aus dem Wasser, ragt hervor durch seine eigenartige Form eines spitzen Kreisausschnittes und beeindruckt durch die Symbolik des Ozean-Luxusdampfers. Als wäre der Landtag gerade im Begriff, in See zu stechen."

Die Geschichte des „Hauses der Stände" in Wien umfaßte 484 Jahre, und zwar auf den Tag genau: Am 25. April 1513 kauften die Stände des Herzogtums unter der Enns ein Haus und einen Garten in der Wiener Hochstraße, wie die Herrengasse damals hieß. Und am 24. April 1997 trat das Landesparlament zum letzten Mal im historischen Sitzungssaal unter den Fresken von Antonio Beduzzi zusammen.

Bis 1513 hatten die „Landtage", zu denen die Stände – also die adeligen Herren und Ritter, die Prälaten und die Vertreter bestimmter Städte und Märkte – vom Landesfürsten von Zeit zu Zeit einberufen wurden, keinen festen Sitz. Unmittelbar nach dem Kauf begann der erste Zu- und Umbau, vor allem auch der Bau des Sitzungssaales, der bereits in der Renaissance eine gewölbte Decke erhielt, die 1703 von Beduzzi im Barockstil vollendet wurde.

Die Stände erlebten Zeiten großen politischen Einflusses, aber auch Epochen der weitgehenden Entmachtung, etwa unter Maria Theresia und Josef II. Umsomehr konzentrierten sie sich auf den kulturellen Bereich und gründeten etwa die NÖ Landesbibliothek und das NÖ Landesarchiv. In dieser Zeit galt der Sitzungssaal in der Herrengasse als „schönster Ballsaal Wiens". Es fanden hier nicht nur Konzerte statt, sondern auch glanzvolle Bankette, Hochzeiten und sonstige gesellschaftliche Ereignisse.

Einen Höhepunkt, der zugleich ein Ende markierte, erlebte das Haus Herrengasse 13 im Revolutionsjahr 1848. Sicher waren die Stände keine demokratische Volksvertretung, aber sie bildeten doch durch Jahrhunderte die einzige Vertretung des Landes gegenüber dem Landesfürsten. Und so war es nur folgerichtig, daß sich die demonstrierenden Bürger, Arbeiter und Studenten am 13. März 1848 an die gerade tagenden Stände wandten. Im Hof des Landhauses begann die „bürgerliche Revolution"! Der erste wirkliche „Niederösterreichische Landtag" wurde nach dem „Februarpatent" des Jahres 1861 gebildet, seine 66 Mitglieder wurden allerdings auf Grund des sogenannten Zensuswahlrechtes nur von 10 Prozent der Niederösterreicher gewählt. Die erste Landtagswahl nach dem gleichen, direkten und geheimen Wahlrecht fand am 4. Mai 1919 statt. Gewählt wurde noch ein gemeinsamer Landtag von Wien und Niederösterreich, erst mit Jahresbeginn 1922 kam es zur Trennung in zwei Bundesländer, mit der letztlich der Keim für die Übersiedlung im Jahr 1997 gelegt wurde.

Zweimal stand der historische Sitzungssaal in der Herrengasse an der Wiege der Republik. Am 21. Oktober 1918 traten hier die deutschsprachigen Reichsratsabgeordneten zusammen und konstituierten die Provisorische Nationalversammlung des selbständigen Staates „Deutsch-Österreich". Und im Herbst 1945 war der Saal Schauplatz der drei Länderkonferenzen, die den Zusammenhalt und die Einheit Österreichs sicherten – durchaus keine Selbstverständlichkeit im vierfach besetzten Staat.

Kein Wunder, daß der Abschied von den geschichtsträchtigen Räumlichkeiten in der Herrengasse nicht ohne leise Wehmut erfolgte. Aber der damalige Präsident des Landtages, Franz Romeder, brachte es auf den Punkt: „So herrlich die historischen Räume in Wien sind, so wurden sie doch seinerzeit für ein ‚Honoratiorenparlament' geschaffen, dessen Mitglieder ein paarmal im Jahr anreisten, ihre Beschlüsse faßten und wieder nach Hause fuhren. Ein modernes ‚Arbeitsparlament' von heute hat ganz andere Aufgaben zu erfüllen. Ausschüsse und Arbeitskreise, die tägliche Büroarbeit und vor allem der ständige Kontakt mit den Bürgern erfordern auch entsprechende Räumlichkeiten und technische Einrichtungen. Das neue Hohe Haus an der Traisen signalisiert Offenheit und Transparenz, und es wird damit auch zur Belebung des demokratischen Lebens und zur Aufwertung unseres Landesparlamentes führen."

Diesem Ziel dient vor allem auch ein neues Besucherkonzept. Es gibt nicht nur mehr Platz auf den Zuschauergalerien als in Wien, sondern es wird auch ein Höchstmaß an Information über die Tätigkeit und die Geschichte des NÖ Landtages geboten. Wie es sich eben für ein modernes „Haus der Bürger" gehört!

Herbert Waldhauser

Der langjährige Bundeskanzler und Außenminister sowie zweimalige Landeshauptmann von Niederösterreich Leopold Figl bei einer Sitzung im alten Landtagssaal in Wien. Links im Bild Generalmajor Zinjew als Vertreter der Roten Armee, rechts Vizekanzler Adolf Schärf.

SPECIAL DIE LANDESBIBLIOTHEK

Oben: Der Klangturm bezeichnet die Schnittstelle zwischen Regierungs- und Kulturbezirk.
Unten: Information ist der Schlüssel zur Benützung der Landesbibliothek.

Spitzweg-Idylle ist die älteste der österreichischen Landesbibliotheken in St. Pölten keine, auch kein Bücher-Cyberspace. Diese beiden Extreme versinnbildlichen die Schere, in der sich die wissenschaftliche Universalbibliothek Niederösterreichs befindet. Seit 1813 gibt es sie offiziell, und von Anfang an war die Landesbibliothek nicht nur Amtsbibliothek der Landesverwaltung, sondern auch für Wissenschaft und Forschung zugänglich.

Im neuen Standort wird die „Nationalbibliothek" des Kernlandes Österreichs ihrem Auftrag der Allgemeinbibliothek gerecht: Nicht mehr im Konglomerat der Verwaltungsabteilungen angesiedelt, sondern in einem eigenen Gebäude im Kulturbezirk auch räumlich herausgehoben, wird sie gemeinsam mit dem benachbarten Landesarchiv auch sichtbar zum geistigen Zentrum des neuen Regierungsviertels, ja kulturelles Gedächtnis des gesamten Bundeslandes.

Das Gebäude will diese Schatzhausfunktion auch nach außen vermitteln, im Inneren spiegelt es aber die Offenheit dem Leser gegenüber wider: Eine Freihandaufstellung lädt in einem klubhaften Charakter aufweisenden Teil zum „Schnuppern", zum Anlesen ein; warme Naturholzeinrichtung und bequeme Lederfauteuils vermitteln nahezu Wohnzimmercharakter. Ein anderer Bereich, optisch und akustisch abgetrennt, ist dem konzentrierten wissenschaftlichen Lesen und Arbeiten vorbehalten. Dort befinden sich auch Glascarrels, die zur Benutzung audiovisueller Medien bzw. als reservierbare Sonderleseplätze dienen: Hier können CD-ROMs, Disketten, Videos und Tonträger ebenso „gelesen" wie auch eigene Laptops benützt werden; Internetanschlüsse zum „Surfen" in andere Bibliotheken und Datenbanken sind im Aufbau.

Dies unterscheidet die Landesbibliothek noch nicht allzusehr von anderen wissenschaftlichen Bibliotheken Österreichs, wohl aber ihre lange Erfahrung mit der Automation. Seit 1984 vom Computer in ihrer täglichen Arbeit unterstützt, nutzte die Landesbibliothek ihre Pionierrolle im EDV-Bereich dazu, den Computer zum echten Hilfsmittel für den Leser im Umgang mit Büchern auszubauen. Retrospektiv wurde der Gesamtbestand der Landesbibliothek erfaßt, und so steht heute dem Benützer kein Zettelkatalog mehr, sondern eine einzige große Datenbank für alle in

Links: Wohnzimmeratmosphäre weist der Freihandsaal in der Landesbibliothek auf.
Unten: Geistige Anspannung braucht auch Orte zur Entspannung.

der Landesbibliothek vorhandene Literatur zur Verfügung: eine Leistung, die noch von keiner anderen größeren wissenschaftlichen Bibliothek Österreichs erbracht wurde. Damit können die vielfältigen Abfragemöglichkeiten des Computers genützt werden, per vielzitiertem Knopfdruck bestellt der Leser seine Bücher aus den 15 Regalkilometer umfassenden Magazinen, per Lesestift wird eine Entlehnung verbucht.
Diese Serviceangebote sind jedoch nicht auf das Haus in St. Pölten beschränkt. Via Internet kann vor allem der Landesbürger Niederösterreichs von seinem Wohnzimmer aus Literatur recherchieren, Bücher per E-mail bestellen und dann auf den Briefträger warten, der das Bücherpäckchen bringt. Zugegeben, der Vergleich mit einem Versandhaus drängt sich auf. Auch den Mitarbeitern der Landesbibliothek ist es lieber, im persönlichen Kontakt dem Leser beratend zu helfen. Doch kann und will sich die NÖ Landesbibliothek dieser Möglichkeiten eines modernen Dienstleistungsbetriebes nicht berauben …

Gebhard König

Von Gassen und Plätzen

DIE ALTSTADT

Bis zur Stadterweiterung des 19. Jahrhunderts die eigentliche Stadt, ist die St. Pöltner Altstadt heute noch der Kernpunkt des pulsierenden Lebens und das architektonische Aushängeschild der jungen Landeshauptstadt.

Längst sind zwar die Befestigungsanlagen der Stadt samt den drei Stadttoren verschwunden, die unmittelbar außerhalb der – noch in wenigen Resten vorhandenen – Stadtmauer angelegten Promenaden determinieren nichtsdestoweniger eindeutig die Ausdehnung der Altstadt. Das 19., aber auch das 20. Jahrhundert haben natürlich auch ganz wesentliche Spuren hinterlassen, ohne jedoch letztlich den Charakter St. Pöltens als Barockstadt entscheidend beeinträchtigen zu können. St. Pölten ist aber auch Römerstadt und die Stadt mit dem ältesten Stadtrecht Österreichs und nicht zuletzt auch Stadt des Jugendstils. Cetium, das römische St. Pölten, hat seit der archäologischen Untersuchung des Rathausplatzes 1988/89 durch das Österreichische Archäologische Institut entscheidend an Konturen gewonnen. Längst gehört die Lagertheorie Adalbert Klaars der Vergangenheit an. Die Ausgrabung hat darüber hinaus erwiesen, daß sich die Ausdehnung der Römer-Stadt auf etwa Dreiviertel der heutigen Altstadt erstreckte. Schwieriger verhält es sich mit baulichen Zeugnissen aus der Zeit der Verleihung des ältesten Stadtrechts an St. Pölten, hat doch vor allem die sehr große Anzahl von Bränden im Mittelalter und in der frühen Neuzeit den mittelalterlichen Baubestand St. Pöltens auf ein Minimum reduziert. Mit der 1150 geweihten Doppelturmfassade des heutigen Doms verfügt St. Pölten allerdings über authentischen Baubestand aus der Zeit der Stadtrechtverleihung.

Der Zeitgeist hat nicht haltgemacht vor Eingriffen in die Bausubstanz, hat aber dem Charakter der Altstadt St. Pöltens als eines der schönsten Barockensembles Österreichs nichts anhaben können. Vielmehr haben die Bestrebungen auf dem Gebiet der Denkmalpflege vor allem im letzten Jahrzehnt und gestalterische Eingriffe in die Straßen- und Platzgestaltung ihr Bild sehr positiv beeinflußt, wie nachfolgend geschilderter Rundgang zeigt.

Thomas Karl

Forum

HIPPOLYTENSE – DER RATHAUSPLATZ

Blick zum Rathaus: Bei Märkten und Festen lebt der Rathausplatz auf wie in alten Zeiten.

St. Pölten verfügt mit der Errichtung des neuen Landhausviertels neben dem Rathausplatz und dem Domplatz zwar mittlerweile über eine Reihe großer repräsentativer Plätze, von seiner Geschichtsträchtigkeit und seinem architektonischen Ambiente her betrachtet, zu dem noch die mit dem Regierungsviertel in Wettstreit stehenden Qualitäten der Neugestaltung des Platzes treten, überragt einer jedoch alle entschieden an Bedeutung: der Rathausplatz. Erstmals besiedelt im römischen Cetium, wo sich hier ein bei den Ausgrabungen am Rathausplatz 1988/89 festgestelltes und nunmehr wissenschaftlich entsprechend aufgearbeitetes Handwerkerviertel befand, wurde die Stelle des Platzes um 1050 vom deutschen Kaiser dem St. Pöltner Chorherrenstift als Marktflecken vermacht, welches diesen um 1200 – möglicherweise unter teilweiser Miteinbeziehung römischer Vorgängerstraßen – planmäßig anlegen ließ.

Dreifaltigkeitssäule und Franziskanerkirche, dazwischen Boris Podreccas moderne Leuchten: Seit der Römerzeit gibt jede Epoche dem Rathausplatz ein neues Gepräge.

„Senat und Volk von St. Pölten" waren die Auftraggeber der 1767 bis 1782 entstandenen Dreifaltigkeitssäule, wie eine Gedenktafel an ihrer Westseite festhält.

Urkundlich scheint der von Josef Schwerdfeger als „Forum Hippolytense" bezeichnete Platz erstmals 1293 als „forum latum" bzw. 1349 als „Breiter Markt" auf, wobei sein Name vermutlich daher rühren dürfte, daß er neuesten Forschungen zufolge ursprünglich ein Quadratplatz mit Ausmaßen von ca. 140 x 140 m war, der bis zum heutigen Roßmarkt reichte, was auch die andernfalls sehr eigenartige Eintragung im Ratsprotokoll vom 9. Oktober 1678 erklärt, wonach sich am Roßmarkt „s'alte Rathaus, wo lange jahr, und fast bey Mans gedenkhen niemand gewohnt" befunden habe. Bereits um 1250 ließ das Bistum Passau, das bis 1241 Vogt des Chorherrenstiftes war und dem bis dahin ein Drittel der Markteinkünfte zufiel, die Westseite des Quadratplatzes, die es als Eigengrund lediglich zur Verfügung gestellt hatte, verbauen, da ihm künftighin kein Nutzen aus dem Marktwesen erwuchs und es versuchen mußte, diesen Entgang an Mitteln durch seine städtische Realitätenpolitik zu kompensieren.
Wohl bereits seit den Anfängen des Marktwesens fand am Rathausplatz der erstmals 1338 archivalisch nachgewiesene Hippolytusmarkt statt. Ab 1451 diente der Platz auch als Schauplatz für den 14tägigen Fastenmarkt, und seit 1711 war der Rathausplatz darüber hinaus Ort des 1703 von Wilhelmsburg nach St. Pölten verlegten Getreidemarkts. Vor allem aber war der Rathausplatz – mit einer kurzen Unterbrechung im 18. Jahrhundert – auch jahrhundertelang der Schauplatz des Wochenmarktes, ehe dieser zu Beginn des 20. Jahrhunderts auf den Domplatz verlegt wurde. Der Rathausplatz, der im übrigen 1939–1945 die Bezeichnung „Adolf-Hitler-Platz" sowie im Anschluß daran den Namen „Marschallplatz" trug, war aber auch immer wieder Schauplatz großer Ereignisse. Erinnert sei hier nur an die Besuche Kaiser Franz Josefs, die Verabschiedung jener Truppen, die in die Weltkriege ziehen mußten, oder die Ausrufung der Ersten Republik.

METAMORPHOSEN EINES PLATZES.
Ehe der Platz 1995/96 durch Boris Podrecca seine heutige Gestaltung erhielt, der ein System zweier sich vernetzender Teppiche zugrunde liegt, um welche die Fahrbahnen als Saumstreifen angelegt sind, hat auch der Platz selbst im Lauf der Jahrhunderte eine Vielzahl baulicher Veränderungen über sich ergehen lassen müssen. So befand sich im Hochmittelalter am südlichen Rathausplatz eine im Rahmen der Grabungen 1988/89 nachgewiesene, urkundlich erstmals 1367 belegte zweigeschoßige Markthalle, die bis zum Jahr 1568 bestand. In ihrer unmittelbaren Nähe wurde einige Jahre später ein steinerner Pranger errichtet, und südöstlich der ehemaligen Halle lag spätestens im 17. Jahrhundert ein Zuleitungs- oder Rohrbrunnen, der 1708 durch Jakob Prandtauer barockisiert wurde.
All diese Bauten sind ebenso verschwunden wie der im Zweiten Weltkrieg errichtete Löschteich im Norden des Platzes. Glücklicherweise erhalten ist jedoch die in der Mitte des Platzes befindliche, nach der Restaurierung 1996 in neuem Glanz erstrahlende *Dreifaltigkeitssäule*, die – möglicherweise nach einem Entwurf Matthias Munggenasts – 1767 bis 1782 von dem St. Pöltner Andreas Gruber ausgeführt worden war. Auftraggeber waren, wie die Inschrift auf der Westseite der Säule kundtut, „Senatus Populusque Yppolitensis", womit man mit klassischem Stolz an das S.P.Q.R. der römischen Vorfahren anschloß.
Noch in der ersten Hälfte der siebziger Jahre des 19. Jahrhunderts war die Säule Herausforderung für die sie erkletternde Schülerschaft, wenn sie nach dem Unterricht aus dem alten Gebäude Nr. 6 strömte, in dem seit 1776 nicht nur die Hauptschule, sondern auch die Lehrerpräpanderie untergebracht war. Schwerdfeger zufolge kletterten die jungen Geister hinauf bis zu den vier Eckpatronen, während in den beiden Brunnenbecken ganze Flotten aus Baumrinde, Holz, Pappe und Papier in See stachen, wobei auch Schwerdfeger selbst Admiral einer Flottille von fünfzehn durch Zwirnsfäden miteinander verbundenen Papierschinakeln war. Noch heute lebt die Erinnerung an die Seenation Österreich in dem etwas größeren Ozean des Landhausschiffs im Regierungsviertel – mit allerdings etwas besser motorisierten Booten – weiter.

Das größte Fest für die Kinder stellte aber der Jahrmarkt zu Hippolytus dar, der durch Kindertrompeten, Pfeiferln und Trommeln, Mund- und Ziehharmonikaklänge eine wahre Kirtagatmosphäre erhielt. Seit der Weltausstellung von 1873 wurde das bunte Treiben darüber hinaus durch die neue Errungenschaft der Luftballons untermalt, die seither einen nie enden wollenden Siegeszug antraten.

KAISERSTUCK IM RATHAUS. Eingeleitet wurde der Markt traditionell durch das Hissen der Marktfahne um sieben Uhr morgens am *Rathaus*, untermalt durch die heute verstummte Rathausglocke.
In der 1. Hälfte des 13. Jahrhunderts befanden sich an der Stelle des Rathauses – einige Meter gegenüber der heutigen Baulinie zurückversetzt – mehrere sehr schmale, turmartige Gebäude, ähnlich den Geschlechtertürmen San Gimignanos oder Regensburgs, die mehrere Pendants, insbesondere am Rathausplatz, hatten. Im 14. Jahrhundert zu zwei Häusern vereint, wurde das östliche der beiden Gebäude 1503 von der Bürgerschaft angekauft und unter Miteinbeziehung älterer Bauteile, wie der für St. Pölten unikalen Sitznischen aus der 2. Hälfte des 14. Jahrhunderts, für seinen heutigen Verwendungszweck adaptiert, wobei nach außen vor allem die Renaissanceportale der als Waaghaus bzw. Verkaufsstelle für Salz und Brot dienenden Erdgeschoßlokale von den baulichen Veränderungen des 16. Jahrhunderts zeugen. 1567 erwarb die Stadt das westlich angrenzende Bürgerhaus, das u. a. ein spätromanisches Kreuzrippengewölbe bewahrt, später baulich mit dem ursprünglichen Rathaustrakt vereinheitlicht und in der Folge aufgestockt wurde und 1590/91 den heutigen Turm erhielt, nachdem man bereits 1581 den heutigen Südflügel als Getreidekasten samt Zeughaus errichtet hatte. Seine repräsentative Fassade erhielt das Rathaus 1727 durch Josef Munggenast, nachdem die Barockisierung des Gebäudes bereits 1722 mit der Neugestaltung des heutigen Bürgermeisterzimmers eingeleitet worden war, dessen gemeinsam vom Stukkateur Christoph Kirschner sowie den Bildhauern Peter

Ein Haus der Gerechtigkeit und der Verwaltung: Im Rathaus bündelt sich das Leben der dynamischen Stadt an der Traisen seit dem 16. Jahrhundert bis in unsere Tage.

Widerin und Josef Pabel gestaltete Kaiserstuckdecke nicht nur in Niederösterreich ihresgleichen sucht.

WER HAT WAS GEBAUT? Auf Josef Munggenast geht auch die Barockisierung des Nachbargebäudes des Rathauses, des sogenannten *Schuberthauses,* zurück, wo 1821 in der Wohnung des Baron Münk Schubertiaden im Beisein des Liederfürsten stattfanden. Nicht von Prandtauer, dem es wie auch das Rathaus oder das Schuberthaus zugeschrieben wurde, sondern von Josef Munggenast ist auch das ehemalige *Palais Montecuccoli,* Rathausplatz 5.
Dafür erwies sich das Nachbargebäude, die bereits erwähnte *alte Hauptschule* Nr. 6, die um 1750 noch ein zweites Obergeschoß erhielt, als Werk Prandtauers. Neben der Hauptschule beherbergte das Gebäude seit 1837 – und tut es noch heute – den St. Pöltner Musikverein. Darüber hinaus nutzte die 1878 gegründete städtische Musikkapelle die „Alte Schule" lange Zeit als Übungslokal, sehr zur Freude des Nachbarknaben Josef Schwerdfeger, der über den die beiden Häuser verbindenden Lichthof voller Entzücken den Musikklängen lauschte.
Maria Antonia Montecuccoli, Nachfahrin des großen Türkensiegers und eine der maßgeblichen Bauherrinnen des 18. Jahrhunderts, war nicht nur Eigentümerin des Geburtshauses von Schwerdfeger, sondern ihr gehörte auch der einstmals im Besitz von Kaiserin Eleonore, der Gattin Kaiser Ferdinands II., befindliche Vorgängerbau des Hauses *Rathausplatz Nr. 21*, in dem die Piaristen zwischen 1753 und 1776 ein Gymnasium führten, ehe das Gebäude der Einquartierung des Stabs und dreier Kompanien der Pellegrini-Infanterie diente.
Bedeutung erlangte Maria Antonia Montecuccoli aber vor allem als Stifterin des *Karmeliterinnenklosters* in der Südwestecke des Rathausplatzes, das im übrigen ein analoges Schicksal wie das Haus Nr. 21 erfuhr, indem das Kloster ab 1787 als Kaserne für das Infanterieregiment Freiherr von Heß diente. Dieses 1707 gestiftete Kloster, das heute verschiedene Magistratsabteilungen,

Von der Karmeliterinnenkirche schwenkt der Blick über den Rathausplatz hinüber zur Franziskanerkirche.

so die Kulturverwaltung und das Stadtmuseum beherbergt, galt immer als ureigenste Schöpfung Jakob Prandtauers, der auch als Baumeister für die Ausführung von Kirche und Kloster verantwortlich zeichnete. Der eigentliche Planer des Gebäudekomplexes aber war der Klosterarchitekt Martin Wittwer, während die architektonische Konzeption der „Prandtauerkirche" im wesentlichen auf den bedeutenden Wiener Architekten und Theatralingenieur Mathias Steinl (1643 Mattsee – 1727 Wien) zurückgeht, der auch maßgeblich an der Innenausstattung des Doms beteiligt war. Ergänzt wird das Duo der beiden Barockbaumeister durch einen dritten Star des österreichischen Barock, Johann Lukas von Hildebrandt, dessen aus der Schloßkapelle von Aschach in Oberösterreich stammender Hochaltar 1961 in der ehemaligen Karmeliterinnenkirche aufgestellt wurde. Nach Zeiten als Monturdepot zur Militärzeit und potentielles Kino in den dreißiger Jahren des 20. Jahrhunderts dient die Kirche heute wieder als Gotteshaus.

EMPOR AUS DUMPFEN TRÄUMEN. Bis zum Abbruch der ehemaligen Hauptwachkaserne Rathausplatz Nr. 2 – der dritten Kaserne im ehemaligen „Militärviertel Rathausplatz" – im Jahr 1900 war die Karmeliterinnenkirche mit dieser durch Schwibbögen verbunden. Der Platz der Hauptwachkaserne selbst blieb lange Zeit frei und

Die Ähnlichkeit der beiden Kirchenfassaden verleiht dem Rathausplatz seine Geschlossenheit.

Wie Zwillinge erscheinen die Zwiebelhelme des Rathausturms und der Kirchtürme der Stadt.

war nach Vorstellungen des späteren Bürgermeisters Dr. Heitzler ursprünglich als Ort für ein neu zu errichtendes großes Schauspielhaus gedacht. Anstelle dieses nicht verwirklichten Projekts entstand ab 1923 nach Plänen von Rudolf Frass der heutige Wohn- und Geschäftshauskomplex, der im Haus Heßstraße Nr. 4 das von dem Karl-Renner-Experten Dr. Siegfried Nasko mit viel Akribie, Fingerspitzengefühl und großem historischen Wissen konzipierte *Museum der Geschichte der Arbeiterbewegung* beherbergt, das sich unter dem Motto „Empor aus dumpfen Träumen" mit der Geschichte der Sozialdemokratie im St. Pöltner Raum auseinandersetzt, wobei man bei dessen Präsentation neben bewährten Ausstellungsmethoden vor allem auch Augenmerk auf moderne technische Darstellungs- und Dokumentationsmöglichkeiten lenkte. Die Darstellung reicht von der Gründung des ersten Arbeiterbildungsvereins 1869 bis in die Gegenwart.
Unerwähnt blieb bislang der die Nordseite des Rathausplatzes bestimmende Komplex des heutigen *Franziskanerklosters*, errichtet ab 1757 als Karmeliterkloster, nachdem in einem der Vorgängerbauten – wiederum auf Initiative Maria Antonia Montecuccolis – bereits 1709 ein Karmeliterkloster gegründet worden war. Die seit 1782 als zweite Pfarrkirche der Stadt dienende, seit jener Zeit von Franziskanern betreute Kirche mit ihrer der Karmeliterinnenkirche verwandten, wenngleich bereits ins Rokoko abgewandelten Fassade beherbergt in ihrem Inneren mit vier Altargemälden des „Kremser Schmidt" bedeutende Werke der Malerei des Spätbarock in Österreich.

DER GOUVERNEUR VON ILLINOIS. Nur wenige Schritte von der Franziskanerkirche entfernt erstrahlt das *Stadttheater* St. Pölten – nunmehr als „Theater der Landeshauptstadt – Theater für Niederösterreich" – seit der Restaurierung 1997 in neuem Glanz. Errichtet nach 1820 durch den gleichnamigen Großvater des Chronisten Josef Schwerdfeger, hat es seine heutige Gestalt im wesentlichen 1893 durch den Ferstel-Schüler Eugen Sehnal erhalten, ehe es 1968/69 durch ein zweites Obergeschoß erweitert wurde. In seiner 175jährigen Geschichte hat es eine Fülle von Höhen und Tiefen gesehen, hat es ebenso Highlights der österreichischen Theatergeschichte erlebt wie auch viel Denkwürdiges und Kurioses. Welches Theater etwa kann auf einen Leiter verweisen, der wie Direktor Börnstein (1838) in späteren Jahren im amerikanischen Secessionskrieg zum Gouverneur von Illinois avancierte und der darüber hinaus Goethe, Napoleon und als Greis Bismarck persönlich gesehen hat? Das St. Pöltner Theater war aber auch in emanzipatorischer Sicht seiner Zeit voraus, leitete doch lange vor den Intendanzzeiten einer Mimi Wunderer bereits 1855/56 mit Charlotte Freifrau von Grafenreuth erstmals eine Frau die Geschicke des Theaters.
1868/69 wurde mit der Aufführung der ersten Operetten – darunter „Die schöne Galathee" von Suppé – ein neues Zeitalter im Theater eingeleitet, stellte die Operette doch künftighin die vom St. Pöltner Publikum das bevorzugte Genre schlechthin dar, was erstmals schon 1902 zu heftiger Kritik der Presse führte. Mitunter waren die Theaterdirektoren auch Universalisten, wie Direktor Zanetti (1879/80), der seine Dekorationen selbst malte. Bei der Ausschreibung des Direktorenpostens 1917/18 machte man sich es da schon etwas leichter, indem man den Besitz eines vollständigen Fundus sowie einer gut ausgestatteten Bibliothek zur Voraussetzung für den Erhalt der Stelle machte.

DAS SPRUNGBRETT. Mit dem Einzug der Kinematographie in St. Pölten war dem Theater mittlerweile auch eine Konkurrenz nicht geahnten Ausmaßes erwachsen. Dabei verliefen die Anfänge des Kinos sehr harmonisch, beherbergte doch das Theater selbst in den Sommermonaten 1913/14 das damalige Stadtkino, ehe es 1914 in das Hotel Pittner übersiedelte. Aber nicht nur das Kino fand hier eine Heimstätte. 1940/41 diente es mit im rückwärtigen Teil des Theaters aufgestellten 14 Betten auch als Übernachtungsmöglichkeit für Schauspieler, ehe es 1945 SS-Quartier wurde und in der russischen Besatzungszeit die Garderoben schließlich sogar als Pferdestall dienten.

In lauen Sommernächten herrscht auf dem Rathausplatz die Stimmung einer italienischen Piazzetta.

In jener Zeit war es auch, als die Sängerin Thea Huber dem Kapellmeister Fritz Lüttgens einen Stich in die Herzgegend versetzte, den dieser Gott sei Dank überlebte. Und im Jahre 1907 war es durch das Nicht-Erscheinen des gerade neu engagierten jugendlichen Hauptdarstellers Raoul Aslan zum Ausfall einer Vorstellung gekommen. Dr. Heitzler gelang es damals zum Glück für St. Pölten, die Aslan drohende Kündigung abzuwenden, war er doch nach Hubert Marischka, der 1904–1906 als Gesangskomiker brillierte, der Schauspieler europäischen Formats, dessen Karriere von St. Pölten wie die vieler anderer im wesentlichen ihren Ausgang nahm.

Thomas Karl

SPECIAL **DIE LEINER-STORY**

Rechts: Die drei fliegenden Gänse auf dem Firmenemblem des Einrichtungshauses Leiner erinnern an die Anfänge des Unternehmens als Bettfederngeschäft. Unten: Tradition ist im Hause Leiner kein Ruhepolster, sondern Verpflichtung zu immer neuem Engagement.

Im Stadtkern, zwischen Rathausplatz und Roßmarkt, befindet sich das Stammhaus der Firma Leiner. Aus dem kleinen Bettfederngeschäft, das der Handelsvertreter Rudolf Leiner sen. und dessen Gattin Therese im Jahre 1910 übernahmen, wurde die größte Firmengruppe auf dem Einrichtungssektor in Österreich, die durch ihr Know-how schon vor Jahrzehnten selbst für den europäischen Markt Vorbildwirkung hatte. Das Textil-Teppich-Möbel-Imperium umfaßt heute 15 Häuser der Firma Leiner und 29 Häuser der Firma Kika, der Jahresumsatz beträgt rund 14,5 Milliarden Schilling.

Kommerzialrat Rudolf Leiner, heute noch das Herz und mit Gattin Frieda die Seele des Unternehmens, hat den Pioniergeist, den Sinn für das echt Innovative von seinem Vater geerbt. Dieser hatte bereits in den zwanziger Jahren eine entscheidende Weichenstellung vorgenommen: Er kam auf die Idee, neben Bettfedern und Bettzeug auch Betten und andere Möbel anzubieten. Damit hat er noch in der Ersten Republik den Boden bereitet für jenen Typus des modernen Einrichtungshauses, den der Sohn in der Zeit des Wiederaufbaus nach dem Zweiten Weltkrieg so erfolgreich weiterentwickeln sollte. Sohn Rudolf erhielt eine für die damalige Zeit profunde Berufsausbildung. Nach der Realschule besuchte er die Handelsakademie in Linz, übrigens gemeinsam mit seiner späteren Gattin Frieda. Geheiratet wurde während eines Heimaturlaubs 1940 – Rudolf Leiner war zu dieser Zeit bereits Soldat in einem Panzerregiment. Eine harte Bewährungsprobe bedeutete der schreckliche Krieg nicht nur für das junge Paar, sondern auch für die aufstrebende Firma. Sechs Jahre stand Rudolf Leiner an der Front, geriet schließlich in amerikanische Gefangenschaft und verbrachte ein Jahr in den USA. Freilich nicht ohne Gewinn, nahm er doch von dort wertvolle Eindrücke für seine Arbeit als junger Unternehmer mit.

Aus der Gefangenschaft zurückgekehrt, fand er das Firmenhaus teilweise in Trümmern. Zerstört waren die Werkstätten, ausgeplündert die Magazine, die Firma selbst hatte nur mehr zwei Angestellte. Als seine Frau Frieda ihn fragte, was er zu tun gedenke in dieser so trostlosen Lage, antwortete er kurz und bündig: „Möglichst schnell groß werden." Und so geschah es auch: In den schweren Zeiten der sowjetischen Besatzung begann der Wiederaufbau des Stammhauses, wurden erste kleine Investitionen getätigt.

Eine Zäsur in der Entwicklung der Firma bedeutete der Staatsvertrag des Jahres 1955. Als Bundeskanzler Julius Raab nach langen und schwierigen Verhandlungen in Moskau verkündete: „Österreich wird frei!“, da brach Rudolf Leiner spontan seinen Urlaub in Italien ab, fuhr heim – und leitete den Großausbau des Stammhauses zu einem modernen Einrichtungshaus ein.
Nun begann die zweite Gründerzeit der Firma: 1959 wurde der Grundstein für ein Einrichtungshaus in Wiener Neustadt gelegt, 1962 ein Areal in Bruck/Mur gekauft. 1965 tat Rudolf Leiner den entscheidenden Schritt nach Wien, nachdem er auf einer Möbelmesse in Köln erfahren hatte, daß sich ein deutscher Unternehmer in der *Mariahilfer Straße* „einkaufen“ wolle. Letztendlich hatte Rudolf Leiner die Nase vorn, erwarb er das renommierte Bekleidungshaus Esders. Der Ausbau des Filialnetzes schritt zügig voran, getreu der Philosophie der erfolgreichsten Unternehmerpersönlichkeit, die St. Pölten hervorgebracht hat: „Wir machen Gewinn, schütten ihn aber nicht aus, sondern bauen aus, legen großen Wert auf ein gutes Verhältnis zu unseren Mitarbeitern und gehen auf die Bedürfnisse der Kunden ein.“

Ein Riesenschritt in Richtung Einrichtungskonzern erfolgte 1973 durch die Gründung des *Möbel-Abholmarktes Kika*. Die dritte Generation des St. Pöltner Handelshauses setzte die innovative Geschäftspolitik in Erfüllung der Kundenwünsche fort: Schwiegersohn Dr. Herbert Koch und dessen Gattin Friederike machten innerhalb von 25 Jahren die Firma Kika mit 29 Standorten in Österreich zum Branchenleader. Die „Do-it-yourself“-Idee der Selbstabholung im kostenlosen Leihtransporter, der nicht nur jüngere Kunden gerne folgen, ist nach wie vor eine Säule des Marketingkonzepts. Kika wurde darüber hinaus zum Komplettausstatter mit umfassendem Serviceangebot und hat so die österreichische Einrichtungsbranche entscheidend geprägt.
St. Pölten bleibt auch in Hinkunft Drehscheibe für das Firmenimperium Leiner-Kika. Die Zentralverwaltung mit der modernen Kommunikationsanlage und den Lagerhallen im südlichen Industrie- und Handelspark der Landeshauptstadt ist ein weiteres Glanzlicht in der Erfolgsstory der Unternehmerfamilie Leiner. Neben der Bescheidenheit, die dieser Familie stets eigen war und sie auszeichnet: Auch heute noch stehen die drei Gänse im Wappen des Stammhauses für die schlichten Anfänge des Unternehmens vor fast hundert Jahren, als Rudolf Leiner sen. und seine Frau Therese noch mit Bettfedern handelten …

Hans Ströbitzer

Vom Haus am Rathausplatz (links) zum Möbelmarkt Kika in der St. Pöltner Südstadt (oben und unten): Kommerzialrat Rudolf Leiner (links außen mit Gemahlin Frieda) schaffte den Sprung zum größten Möbelhändler Österreichs.

Im Fadenkreuz

VON DER LINZER STRASSE ZUM HERRENPLATZ

Der City Express am „Scharfen Eck".

Mit dem Stadttheater im Hinblick auf seine Gäste in Konkurrenz treten zu wollen, erscheint zwar anmaßend, das ehemalige Wirtshaus *Zum Goldenen Löwen* in der Linzer Straße 16 mit seinem Renaissanceepitaph im Hof – durch Jahrhunderte das Einkehrgasthaus der Stadt – steht ihm, zumindest was die Beherbergung politischer Prominenz betrifft, aber um nicht viel nach. Einer der berühmtesten unter ihnen war sicherlich der russische Marschall Kutusow, der 1805 vom Löwenhof aus die Entscheidung fällte, seine Truppen Richtung Krems zu dirigieren, anstatt Napoleon bei St. Pölten eine Schlacht zu liefern, womit er diesem den Weg nach Wien öffnete. Der Löwenhof war aber ebenso Absteigquartier des Hofs, wenn dieser von Mariazell zurückkam. So geschah es einst, daß dem „guten" Kaiser Franz im Jahr 1805 der Mantel gestohlen wurde, als er einen Sprung ins Gasthaus machte. Obwohl sich letztlich herausstellte, daß der Mantel von der eigenen Umgebung als schon sehr

Diese Prachtfassade von Jakob Prandtauer hat schon Papst Pius VI. fasziniert: das Institut der Englischen Fräulein in der Linzer Straße.

schäbig auf die Seite gebracht worden war, um den sparsamen Kaiser zu zwingen, sich endlich einen neuen anzuschaffen, entlud sich dessen Zorn und Ungnade auf die St. Pöltner Landeskinder. Aber offensichtlich hat er diese auch zuvor nicht allzusehr geliebt, hatte der Kaiser doch den St. Pöltnern bereits 1804 mit den unwirschen Worten: „Ös seid's schon g'liefert" ihr Gymnasium genommen. Trotz der hier vermeldeten hohen Gäste stand die große Zeit der Löwenwirte jedoch noch bevor, als nämlich Majestäten wie Marie Louise oder die Prinzessin von Schweden mehrmals hier abstiegen, die Herzogin von Angoulême hier übernachtete, Liechtenstein, Metternich und der Kronprinz von Rußland hier frühstückten oder Lord Russel und die Erzherzöge Maximilian und Rainer, letzterer als Vizekönig von Italien, hier über Mittag blieben.

Relikte aus der vorbarocken Zeit wie dieses im Löwenhof sind in St. Pölten nicht allzu häufig, doch die wenigen sind von hoher Qualität.

Daß neben der politischen Prominenz auch die Künstlerschaft den Löwenhof zu schätzen wußte, ersieht man aus dem Namen des Komponisten der „Puppenfee", Josef Bayer, der 20 Jahre lang seine Sommerfrische im Herrenhaus der Industriellenfamilie Godderidge in Viehofen verbrachte, sowie aus jenem des Malers Gauermann, der im übrigen auch das längst aus dem Bild der Stadt verschwundene Wilhelmsburger oder *Linzer Tor*, das sich etwa 150 m weiter südlich des Löwenhofs befand, grafisch festgehalten hat.

SCHILLERS FREUND. Mit seinem weiten Zwinger und zwei weiteren Außentürmen hat das Linzer Tor auch Schillers Jugendfreund und Kollegen von der Karlsschule, den berühmten Architekten Heideloff, inspiriert, der dieses in einer Zeichnung vom 1. September 1792 und einer 1793 ausgeführten Gouache, beide heute in der NÖ Landesbibliothek, festhielt. Im Torturm selbst sollen einst die 30 Rädelsführer des Bauernaufstandes von 1597 inhaftiert gewesen sein, ehe man einen Teil von ihnen zum Vierteilen und Pfählen auf die „prospektvolle Anhöhe" der Galgenleithen brachte, ein Ereignis, das dem St. Pöltner durch Georg Hoefnagls Stadtansicht von 1617 noch immer präsent ist. Ober dem Linzer Tor befanden sich im übrigen zwei steinerne Köpfe, welche der Sage nach als Stephan Fadinger und Achaz Willinger gelten. Und nicht zuletzt spielten sich im Wilhelmsburger Torturm erschütternde Szenen ab mit dem Herrn von Völderndorff in Enrica Handel-Mazzettis Dichtung „Jesse und Maria".
Nach diesem kurzen imaginären Schwenk nach Süden wenden wir uns vom Löwenhof wieder stadteinwärts, wo wir am Weg zum Institut der Englischen Fräulein das *ehemalige Postgebäude* Prandtauerstraße 4 passieren. Das neben dem Karmeliterhof befindliche Barockgebäude beherbergte von 1705 bis 1849 die städtische Post. In seiner heutigen Form errichtet wurde das möglicherweise noch auf eine Planung Josef Munggenasts zurückgehende Gebäude jedoch erst 1742, vermutlich durch seinen Sohn Franz, den bereits 1748 im Alter von 24 Jahren verstorbenen jungen Stararchitekten. Der ehemalige Pferdestall, der von 1873–1875 als Winterhalle des St. Pöltner Turnvereins sowie ab 1865 auch als Schulturnhalle genutzt wurde, ist mittlerweile Veranstaltungssaal und Teil des 1992 vorbildlich revitalisierten Hofs des Gebäudes.

TROGERS KUPPELFRESKO. Schräg gegenüber der alten Post befindet sich die breitgelagerte Front des *Instituts der Englischen Fräulein*, gleichzeitig die wohl schönste Fassade des barocken St. Pölten.
Bereits 1705 plante die Oberstvorsteherin der Englischen Fräulein in München die Gründung eines Instituts in den habsburgischen Ländern, wofür die Stadt St. Pölten in Betracht käme, zum einen, weil ihnen dort einige „Patrone und Guttäter" ein Haus verschafft hätten und die Stadt zudem ziemlich volkreich sei, und zum anderen, weil in der Umgebung viele adelige Familien wohnten, deren Jugend zu unterrichten die wichtigste Aufgabe des Instituts sein würde. Nachdem sich der Propst des Chorherrenstiftes und zunächst auch Richter und Rat gegen die Gründung aussprachen, vermochte erst die Intervention des einflußreichen Freiherrn Jakob von Kriechbaum, seines Zeichens St. Pöltner, Vice-Statthalter von Österreich unter der Enns und zudem kaiserlicher Kämmerer, den Weg für die Gründung zu ebnen, sodaß Kriechbaums Schwester, Freifrau Maria Anna von Kriechbaum, bereits 1706 als Oberin mit acht Fräulein aus München, zunächst in einem Privathaus, in St. Pölten Einzug hielt. Eine großzügige Spende der Gräfin Kiesel ermöglichte 1708 den Kauf eines Hauses samt Garten, das man 1709 bezog und nach Ankauf eines weiteren Grundstücks nach Süden erweiterte. Der Ankauf eines Hauses westlich des Stammhauses ermöglichte schließlich den Bau der ersten Kirche, eines durch Jakob Prandtauer gestalteten Zentralraums – des heutigen Presbyteriums. Auf Prandtauer geht auch die Errichtung des ursprünglichen Klosters zurück sowie der Mittelteil der ursprünglich siebenachsigen Fassade, die nach Ankauf eines weiteren Bürgerhauses 1749 im Jahr 1751, stilistisch angepaßt an Prandtauers

Fassade, vorerst nach Osten erweitert wurde, ehe man die Fassade im Zusammenhang mit der Vergrößerung der ursprünglichen Kirche nach Westen in den Jahren 1767–1769 auch nach Westen erweiterte, wofür vermutlich Prandtauers Großneffe Matthias Munggenast verantwortlich zeichnen dürfte. Der Skulpturenschmuck der Fassade stammt, was den Prandtauerschen Teil anbelangt, von dessen Schwiegersohn Peter Widerin, der übrige Teil vermutlich vom Schöpfer der Dreifaltigkeitssäule, Andreas Gruber.
Im Kircheninneren verdienen vor allem Paul Trogers um 1729 geschaffenes Kuppelfresko des Presbyteriums – im übrigen dessen erstes Deckengemälde im Osten Österreichs – sowie das 40 Jahre später geschaffene Kuppelfresko des Erweiterungsbaus von Bartolomeo Altomonte, die drei Altargemälde des oberösterreichischen Loth-Schülers Karl Reslfeld sowie die Peter Widerin zugeschriebenen Apostelskulpturen an den Seitenwänden des Chors besonderes Augenmerk. Zu erwähnen ist nicht zuletzt die Erinnerungstafel im Presbyterium an den Besuch Papst Pius', VI. im Jahr 1782. Grund des Haltes von Papst Pius im Institut war angeblich der erste Eindruck der wunderschönen Barockfassade, was bei dem kunstsinnigen Pius, dem Erweiterer der Vatikanischen Museen in Rom, aber nicht weiters erstaunt. Möglicherweise hat das Augenmerk des Papstes auch dem größten Schatz des Instituts, dem Marienbild Lucas Cranachs von 1516, gegolten, das sich einstmals in der Kirche befand, heute jedoch ebenso wie zahlreiche andere Kunstschätze, darunter zwei Ölgemälde des Kremser Schmidt, im Institut verwahrt wird.

DAS SCHARFE ECK. Auf dem Weg nach Wien setzte Papst Pius seinen Weg auf der „Via Appia" Alt-St.-Pöltens fort, wo er alsbald zum *Riemerplatz* gelangte, dem geografischen Mittelpunkt St. Pöltens, wo sich einst die „Poststraße ins Reich" – die Straße von Wien nach Linz – und die Straße von Krems ins Gebirge kreuzten.
Bestand hatte dieser wohl bereits seit etwa 1200, wo er in den um 1100 angelegten Straßenplatz zwischen Rathausplatz und der unteren Wiener Straße einbezogen wurde, dessen bestimmende Konturen sich jedoch erst im 14. und 15. Jh. voll ausbildeten, wobei der nördliche Teil des Hauses Nr. 3 über-

Oben: Blick vom Herrenplatz zum Dom.
Links: Das „offene Ohr des Bürgermeisters" auf dem Riemerplatz.

haupt erst im 17. Jh. entstand und somit damals erst das – durch die Abschrägung der Hausecke 1850 zwar noch gemilderte – „Scharfe Eck" entstand, das lange Zeit „das" Verkehrshindernis der Stadt war, passierte doch bis 1930 der gesamte Durchzugsverkehr St. Pöltens den Platz. Bereits im 13. Jh. ist der Platz, an dem auch die Grenzen der einstigen Stadtviertel, des Lederer-, Holz-, Markt- und Klosterviertels aufeinanderstoßen, als „forum pannorum" (Tuchmarkt) ausgewiesen, an dessen Stelle man in der Folge den Holzmarkt abhielt.

Barocke Bürgerhäuser und Adelspalais verleihen der St. Pöltner Altstadt das besondere Flair einer Landstadt mit großstädtischen Zügen.

Obwohl die Palais um den Riemerplatz im Kern durchwegs in das 16. Jh. und in Ansätzen sogar bis in die Spätromanik zurückreichen, haben sie ihre äußere Gestalt durchwegs im 18. Jh. erhalten, sodaß der Riemerplatz heute gleichzeitig auch das geschlossenste Bauensemble der Stadt ist. Unter ihren Besitzern befinden sich keine geringeren als Hofkanzler Graf Julius Buccelini (Nr. 1), die Grafen Clam-Gallas (Nr. 1) oder Leopold Reichsgraf von Herberstein (Nr. 1 und 2), die Grafen Traun (Nr. 4) u. a. m. Wie viele andere Adelsfamilien hatten sie ihren Wohnsitz – zumindest während der kalten Jahreszeit – nach St. Pölten verlegt, hatte die Stadt damals doch einen guten Ruf ob ihres gesunden Klimas, das der Franziskanerpater Placidus Herzog 1740 enthusiastisch wie folgt schildert: „... und hatten sie (die Adeligen) einmal dieses Klima verkostet, so gingen sie schwerlich wieder fort. Das fruchtbare Umland erzeugt Früchte in reichlichster Menge, übergenug trägt der Boden Wein und Weizen und eine Menge österreichischen Safran der besten Sorte gedeiht ringsher." – Fahrngruber betont noch 1885, daß der Adel der Barockzeit diese Vorzüge und auch sonstige Vorteile, z. B. gut geleitete Schulen, Geselligkeit, Billigkeit und Sicherheit, zu schätzen wußte, weshalb die Stadt damals sehr rasch ihr vielfach aristokratisches Gepräge erhielt und weshalb bald viele Häuser ein nobles Aussehen erhielten und v. a. die Wiener und Linzer Straße einen seltsam bewegten und vielbelebten Corso gebildet habe, wie nicht leicht eine andere von den kleineren Städten damals einen gleichen ausweisen konnte. Mit Jakob Prandtauer und Josef Munggenast sowie dessen Söhnen hatte man zudem Baumeister von Rang und Namen vor Ort, die den architektonischen Ansprüchen des Adels entsprechend Rechnung tragen konnten. Während Prandtauer selbst eher größere Bauaufgaben in Angriff nahm, geht ein Gutteil der Barockisierungen in der 1. Hälfte des 18. Jh.s auf Josef Munggenast zurück, der nicht nur die Fassade des *Palais Riemerplatz 1* schuf, sondern in unmittelbarer Nähe auch für die Barockisierung der „Hassack-Apotheke" Wiener Straße 1 oder des Hauses *Wiener Straße 4* verantwortlich

Die Mariensäule auf dem Herrenplatz ist das Pendant zur Dreifaltigkeitssäule auf dem Rathausplatz.

zeichnete, während auf seinen Sohn Matthias die Barockisierung des Hauses *Riemerplatz 3 und 4* zurückgehen dürfte. In der Mitte des Platzes stellte der Magistrat bei der Durchreise fürstlicher Personen in alten Zeiten Triumphpforten mit „verborgener Harmoniemusik" auf, so zum Beispiel 1810, als Marie Louise zur ehelichen Vereinigung mit Napoleon nach Frankreich reiste. Heute nimmt die Platzmitte eine 1988 von dem Künstler Hein Mader geschaffene Marmorskulptur ein, die im Volksmund die Bezeichnung „das offene Ohr des Bürgermeisters" führt.

DAS SAMSTAGPLATZL. Die Munggenast-Fassaden Wiener Straße 1 und 4 – letztgenanntes besitzt auch einen der ganz raren kleinen Renaissancearkadenhöfe der Stadt –, das Jugendstilgebäude Nr. 3 und das Haus Nr. 6 passierend, das in seinem Inneren die – nicht zugängliche – schönste Renaissancehalle der Stadt besitzt, erreicht man auf der alten Reichsstraße nach Wien alsbald den *Herrenplatz*, den in künstlerischer Hinsicht geschlossensten Platz der Stadt, auf dem seit dem Mittelalter der „Tägliche Markt" abgehalten wird. Seinen Namen hat er vom ehemaligen Herrenhaus Wiener Straße 12, einstmals „Fronhof" der Bischöfe von Passau, später Verwaltungssitz der St. Pöltner Stadtherren, der Grafen Trautson bzw. der Fürsten Auersperg, das 1893 dem Neubau des heutigen Postgebäudes durch Eugen Sehnal weichen mußte. Im Volksmund führte der Platz im ausgehenden 18. und im 19. Jh. den Namen „Samstagplatzl" nach den Lichtern, die – bis zum heutigen Tag – jeden Samstag an der Mariensäule brennen. 1749 hatte nämlich Jacob Weinhardt von Thürburg, seines Zeichens ständischer Viertel-Unter-Commissär, letztwillig verfügt, daß die – von ihm gestiftete – Mariensäule am sogenannten „samstag Markt" von der Stadt erhalten, „wie auch alle samstäge, alle Frauen Abend und Frauentage die bei sothaner Säule befindlichen vier Laternen beleicht und solchergestalten immerhin fortgefahren werden solle". Errichtet wurde die vermutlich nach Entwurf des italienischen Allroundkünstlers Antonio Beduzzi ausgeführte Säule, die laut Schwerdfeger im 19. Jh. auf den Domplatz transferiert werden sollte, um 1718, wobei für den figuralen Schmuck vermutlich der hier ansässige Bildhauer Joseph Pabel verantwortlich zeichnete.

Jakob Weinhardt von Thürburg ist auch der Bauherr des kunsthistorisch bedeutsamsten Gebäudes des Herrenplatzes, des sogenannten *Bar-Hauses*, das 1724 nach einem Entwurf eines Johann Lukas von Hildebrandt nahestehenden Architekten errichtet wurde und dessen Fassade mit ihrem überreichen plastischen Fassadenschmuck als bedeutendstes Beispiel barocker Profanbaukunst in St. Pölten zu gelten hat. Das von Joseph Pabel ausgeführte Frontgiebelrelief soll der Autobiographie des Sohnes des Bauherrn zufolge im übrigen von Österreichs bedeutendstem Bildhauer des Barock, Georg Raphael Donner, stammen. Die an der Fassade befindliche Statue des hl. Johannes von Nepomuk stammt wie die Skulptur des im Faß sitzenden Diogenes im Stiegenhaus vermutlich von der Hand Peter Widerins. Als bekanntester Gebäudeeigentümer ist nach Weinhardt von Thürburg, Fürst Batthyány und Stadtrichter Werner ab 1811 Karl Mark von Leiberich nachgewiesen, der 1805 als Befehlshaber der österreichischen Truppen in Deutschland von Napoleon zur Übergabe Ulms gezwungen wurde und so traurige Berühmtheit erlangte. Ursprünglich ob der Kapitulation zum Tode verurteilt und letztlich zu zwei Jahren Festungshaft begnadigt, muß er allerdings weiterhin Kontakt zu höchsten Stellen im Staat besessen haben, da er nachweislich aus der Kenntnis des bevorstehenden Staatsbankrotts 1811 noch Profit ziehen konnte. Mit der vermutlich von Antonio Beduzzi entworfenen Fassade des ehemaligen Wirtshauses „Zum Schwarzen Adler" an der Südseite des Platzes, der aus mehreren Bauetappen stammenden Fassade des Nachbarhauses Wiener Straße 14, dessen Apotheke im Erdgeschoß eine prächtige Stuckdecke aus der 1. Hälfte des 18. Jh.s aufweist, oder dem ehemaligen *Drei-Kronen-Wirtshaus* Herrenplatz 5 verfügt der Herrenplatz über weiteren bedeutenden Bestand an barocker Baukunst. In seinem Inneren geht letztgenanntes Haus, in dem im übrigen Franz Schubert während seines Aufenthalts in St. Pölten 1821 weilte, noch bis in das 14. Jh. zurück und diente damals bis ins frühe 15. Jh. als Kammerhaus (Finanzverwaltung des Augustiner Chorherrenstiftes). Anstelle des Barockhauses Herrenplatz 4 steht seit dem Jahr 1914 ein Hauptwerk des ausklingenden Jugendstils in St. Pölten, ein Bau des Wagner-Schülers Hubert Gessner, dessen Figurenschmuck auf den bedeutenden österreichischen Bildhauer Anton Hanak zurückgeht.

Thomas Karl

Der Otto-Wagner-Schüler und nachmalige Baumeister des „roten" Wien Hubert Gessner schuf 1914 das Spät-Jugendstilhaus Herrenplatz 4.

Kerens & Klimt

DER DOMPLATZ

Ob „Film am Dom" oder Hauptstadtfest, Bischofsweihe oder Papstbesuch – auf dem Domplatz ist immer etwas los.

Dem Rathausplatz als bedeutendstem „Profanplatz" der Stadt steht der 5.700 m^2 große Domplatz als wichtigster „Sakralplatz" der Stadt an Bedeutung annähernd ebenbürtig gegenüber, wenngleich die sakralen Komponenten des Platzes heute gegenüber den mittlerweile öffentlichen Funktionen weitgehend zurückgetreten sind. Wie seit eh und je wird Nord- und Ostseite zwar von dem Gebäudekomplex des ehemaligen Augustiner Chorherrenstifts, dem heutigen Bistumsgebäude, bestimmt, der Platz hat heute als Park- und Marktplatz wie auch als Veranstaltungsort für Events wie Hauptstadtfest oder „Film am Dom" durchwegs öffentlichen Charakter. Ähnlich verhielt es sich zwar zur Römerzeit, wo wir uns hier – wie jüngste Ausgrabungen erneut bestätigten – im Zentrum des antiken Aelium Cetium befanden. Mit der Gründung des der Stadt St. Pölten ihren Namen gebenden Hippolytklosters nach 791 von Tegernsee aus änderte sich die Funktion des Platzes jedoch grundlegend, auf dem sich

Seit 1876 wird der St. Pöltner Wochenmarkt auf dem Domplatz abgehalten – und erfreut sich heute als klassischer Bauernmarkt neuen Zuspruchs.

zumindest seit dem ausgehenden 11. Jh. vor den Toren der nunmehrigen Augustiner Chorherren-Stiftskirche der „Gottesacker", der Friedhof, ausdehnte, der erst 1779 vor die Stadt, südwestlich des heutigen Europaplatzes, verlegt wurde.
Spätestens seit 1133 befand sich am Friedhof, im Bereich der Einmündung der Domgasse in den Platz, die sogenannte „Frauen- oder Leutkirchen", die eigentliche Pfarrkirche der Stadt, deren Lage bei einer Grabung 1994 erstmals genau festgestellt werden konnte. Die im 14. Jh. zu einer dreischiffigen gotischen Basilika ausgebaute Kirche diente in der Reformationszeit als Pfarrkirche der Protestanten, weshalb sie noch in Zeiten der längst vollzogenen Gegenreformation den Pröpsten ein Dorn im Auge war, sodaß sie Propst Müller 1689 in einer Nacht-und-Nebel-Aktion abtragen ließ, das Abbruchmaterial aber für den Aufbau des bestehenden Südturms der heutigen Domkirche nutzte. Etwas länger, bis zum Jahr 1786, bestand die südlich der Pfarrkirche gelegene Andreaskapelle mit Karnerkapelle im Untergeschoß, die einen 1998 nach langer Zeit des Exils wieder nach St. Pölten zurückgekehrten gotischen Andreasaltar beherbergte. Wie die Kirchen und der Friedhof sind auch die auf Scheths Ansicht des Domplatzes in Frasts Kirchlicher Topographie von 1828 auszunehmenden Linden im südlichen Teil des Platzes verschwunden. Farbenpracht, die unter anderem Ferdinand Andri in zahlreichen Studien und Gemälden festgehalten hat, bietet heute jedoch an ihrer Stelle der 1876 vom Rathausplatz hierher verlegte Wochenmarkt. Verschwunden sind auch die bäuerlichen Gebäude des ehemaligen Mesnerhauses und des Prädikantenhauses, an deren Stelle Eugen Sehnal 1884 den gründerzeitlichen *Sparkassenbau* (Wr. Städtische Versicherung) errichtete. Die erstmals von Schwerdfeger als Werk Klimts titulierte Figur der „Fortuna" im Frontgiebel der Platzfassade – heute der Stolz jedes Fremdenführers – wurde 1885 von Fahrngruber als „leider wie man hört, verunglückte Glücksgöttin" bezeichnet.

Der Innenraum des Doms wartet mit Kunstwerken bedeutender Künstler wie Daniel Gran, Bartolomeo Altomonte und Tobias Pock auf.

NAPOLEONS TELEGRAF. Schräg gegenüber erhebt sich die bereits einleitend erwähnte, nach dem Nichtmehraufbau des 1512 abgebrannten Nordturms etwas ramponierte romanische *Doppelturmfassade* des heutigen Doms, deren Südturm, der nach der Aufstockung durch Prandtauer 1689 über eine stattliche Höhe von 80 Metern verfügt und als größter Turm der Stadt auch das neue Wahrzeichen des Regierungsviertels, den Klangturm, nicht über sich hinauswachsen ließ. Seiner Höhe wegen entwickelte auch Napoleon großes Interesse für ihn, der an demselben eine telegrafische Maschine für den optischen Telegrafen Wien–Straßburg anbringen ließ. Schwerdfeger rühmt darüber hinaus das noch in seiner Jugend erlebte Turmblasen aus festlichem Anlaß von der „Laterne des Domturms" aus, insbesondere in der Silvesternacht.
Hinter der Doppelturmfassade des *Doms* erstreckte sich einst eine 1065 geweihte dreischiffige romanische Basilika, die noch vor 1228 unter Miteinbeziehung der etwas früher entstandenen, ursprünglich freistehenden Rosenkranzkapelle im Süden des Chors weitgehend neu errichtet wurde. Mit Ausnahme der 1644 vom südlichen Seitenschiff abgemauerten Rosenkranzkapelle, deren Apsis und der Hauptapsis des Doms ist von der Basilika des frühen 13. Jh.s heute jedoch so gut wie nichts mehr sichtbar.

Der im Kern romanische, von Jakob Prandtauer mit einem Helm verzierte Domturm ist mit seinen 80 Metern auch heute noch der höchste der Stadt.

PRÖPSTE UND BISCHÖFE. Ab 1722 wurde die damalige Stiftskirche nämlich auf Initiative Propst Johann Michael Führers durch Jakob Prandtauer mit der architektonischen Neugestaltung von Presbyterium und Orgelempore einer umfassenden Barockisierung unterzogen, die ab 1735 durch Josef Munggenast mit der Barockisierung des Langhauses abgeschlossen wurde.
Nicht minder bedeutend ist die Liste der an der *Innenausstattung* arbeitenden Künstler, die von Matthias Steinl, der für das künstlerische Konzept der Innenarchitektur des Presbyteriums verantwortlich zeichnete, über die Bildhauer Peter Widerin, Josef Pabel und Jakob Christoph Schletterer, die Maler Daniel Gran, Thomas Friedrich Gedon, Antonio Tassi, Bartolomeo Altomonte bis hin zu dem Architekten Franz Munggenast reicht. Als einziges Relikt aus der ersten Barockisierungsphase um 1650 wurde das Hochaltargemälde der Himmelfahrt Mariae von Tobias Pock in die hochbarocke Ausstattung integriert. Aus späterer Zeit sei vor allem auf das Grabmal des ersten St. Pöltner Bischofs, Heinrich Kerens, geschaffen von dem bedeutendsten Bildhauer des Klassizismus in Österreich, Johann Martin Fischer, verwiesen.
Von den hochtrabenden Barockisierungsplänen des 1739 seines Amtes enthobenen Johann Michael Führer, der eine gänzliche Neugestaltung des ab 1636 unter Propst Johannes Fünfleutner erbauten *Klosterkomplexes* vorsah, gibt der im Diözesanmuseum befindliche, auf Josef Munggenast basierende Vogelschauplan eine ungefähre Vorstellung. Umgesetzt wurde davon lediglich die Barockisierung der heute zum äußerst sehenswerten *Diözesanmuseum* gehörenden Stiftsbibliothek ab 1727 mit ihrer auf Peter Widerin zurückgehenden skulpturalen Ausgestaltung und den Fresken Paul Trogers und Daniel Grans sowie des Aufgangsbereichs zum heutigen bischöflichen Trakt, dem ehemaligen Gastzimmertrakt. Unter den hier beherbergten Gästen sei insbesondere auf Napoleon Bonaparte verwiesen, der 1809 auf Einladung von Bischof Cruts von Creits hier weilte. Die französischen Sprachkenntnisse des aus Belgien gebürtigen Bischofs erwiesen sich als Segen, zumal es ihm dadurch gelang, viel Unheil von der Stadt abzuhalten, ähnlich wie jene des kurzfristig aus dem Exil zurückgekehrten Propstes Führer bei der Franzoseninvasion 1741. Sicherlich friedlicher im Vergleich zu Napoleons Aufenthalt war jener Franz Schuberts im Jahr 1821, auf dessen Einladung bei Bischof Dankesreither eine Gedenktafel beim Aufgang zum bischöflichen Trakt verweist, wenngleich Schubert konkret das bischöfliche Schloß Ochsenburg als Aufenthaltsort diente.

Thomas Karl

Torbekrönung aus dem ehemaligen Augustiner Chorherrenstift, dem heutigen Bischofshof.

Hinterm Dom

UNTERE WIENER STRASSE UND KLOSTERGASSE

Detail vom Barockpalais Kriechbaum in der Wiener Straße 27.

Vom Domplatz zum Herrenplatz zurückkehrend, begeben wir uns nach links wendend erneut in die alte Kaiserstraße, den unteren Teil der *Wiener Straße*, wo wir gleich zur Rechten den in den fünfziger Jahren errichteten Wohnhauskomplex des *Herrenhofs* ausnehmen. An seiner Stelle befand sich einst ein mehrere Höfe umfassender barokker Gebäudekomplex, der in einem Saal im Hoftrakt ab ca. 1750 St. Pöltens erstes Theater beherbergte.
St. Pöltens Topografen der Biedermeierzeit, Stadtphysikus Franz Strohmayr, zufolge wurde in dem etwa 300 Personen fassenden kleinen Theater gewöhnlich zur Winterszeit gespielt. Aufgeführt wurden Komödien herumziehender Schauspieltruppen, öfters aber auch solche der örtlichen Gesellschaft der Theaterfreunde, von letzterer meist zu einem wohltätigen Zweck.
Darüber hinaus wurde der große Saal in der Faschingszeit als Ballsaal für den jeden Sonntag stattfindenden Maskenball genutzt. Öffnen wir kurz die Tür in den

Rund um die Altstadt schmiegt sich ein Kranz von Gebäuden der Ringstraßenzeit, die St. Pölten architektonisch mit dem weiten Raum der Donaumonarchie verbinden. Eines der größten beherbergt die im neobarocken Stil errichtete Bezirkshauptmannschaft.

Redoutensaal und blicken wir mit Strohmayr in sein Inneres: „Hier prangt die geschmackvolle Dame in ihrem eleganten Modellkleid, welche von der minder vornehmen Schönen nachblickend mit neidischem Auge gemustert wird; hier wird die bürgerlich kostümierte blühende Schöne mit ihrem schmachtenden Auge und vielen jungen Anbethern zum Tanzen enthusiastisch aufgefordert, oder mit selber unter Amors Fesseln geseufzt; dort sitzt eine Gesellschaft mittelalter Frauen, wovon manche ein strenges Inquisitionsgericht heimlich ausübet und eine andere mit Argus Augen auf die Gebärden ihrer sich im Tanzen erhitzenden Tochter lauret. Dort wird mit Decenz scherzt und gekostet." Nach 1820 war die große Zeit des Redoutensaals vorbei, dessen Funktion künftig an das Stadttheater überging.

Oben: Ein sterbender Krieger von Wilhelm Frass erinnert an die Gefallenen des Ersten Weltkriegs.
Links: In der Kapelle des einstigen Bürgerspitals feiert heute die altkatholische Gemeinde ihre Gottesdienste.

BIER UND BAROCK. Weichen wir nun kurz von unserer Hauptroute ab, indem wir den fußläufig erschlossenen Herrenhof durchqueren und so zu einem der wenig beachteten Barockgebäude, dem Haus *Fuhrmannsgasse 14,* gelangen, einstmals neben der ehemaligen Brauerei Winger in der Franziskanergasse und der alten Klosterbrauerei in der Klostergasse einer der drei städtischen Bier erzeugenden Betriebe, das im Jahr 1726, möglicherweise noch nach Entwurf Jakob Prandtauers, der in diesem Jahr starb, durch Josef Munggenast barockisiert wurde. Wieder zurückkehrend zur *Wiener Straße,* erhebt sich nach wenigen Metern zur Linken das ehemalige *Palais Wellenstein*, errichtet nach 1720 unter Franziska Friderica Gräfin Wellenstein, vermutlich durch den Baumeister des heute nicht mehr existenten Herrenhauses Nr. 12, Christian Alexander Oedtl, das heute die 1882 als Volksbücherei gegründete Stadtbücherei beherbergt, der auch die „Kleine Galerie der Stadtbücherei" angeschlossen ist, die laufend Ausstellungen bildender Künstler präsentiert.
Wenige Meter weiter verbirgt sich hinter der Neo-Biedermeierfassade des Hauses Nr. 33 der schönste, lediglich zu Lokalöffnungszeiten in den Abendstunden zugängliche Renaissancearkadenhof St. Pöltens sowie in weiterer Folge das nach 1719 durch den Mitinitiator der Gründung des Instituts der Englischen Fräulein, Jakob Freiherr von Kriechbaum, durch Jakob Prandtauer errichtete kleine Palais Wiener Straße 37, in dessen Einfahrt sich einst der heute im Stadtmuseum befindliche Stammbaum der Freiherrn von Wellenstein, einst Besitzer von Schloß Viehofen, befand. Prandtauers Neffe Josef Munggenast zeichnet für die Barockisierung des noch Bauteile des frühen 13. Jh.s beinhaltenden gegenüberliegenden Palais Wiener Straße 36 im Jahr 1724 unter Landschaftsmedikus Dr. Paul Plöckner verantwortlich, und Josef Munggenasts Sohn Matthias wiederum für die Barockisierung des Nachbargebäudes Nr. 34, das – ab 1796 Kreishauptmannschaft – im Jahr 1805 niemand geringerem als Napoleon und dem Prinzen Murat als Quartier diente.

OASE DER GOTIK. Nur wenige Meter östlich des Hauses Wiener Straße 36 liegt die Philosophisch-Theologische Hochschule, das seit 1791 an der Stelle des *ehemaligen Franziskanerklosters* hier situierte Alumnat. Die Gründung des unter Josef II. 1784 auf den Rathausplatz verlegten Klosters geht auf die Tätigkeit des hl. Johannes Kapistran in Österreich zurück, dessen Vertrauter Gabriel von Verona dieses ab 1455 errichten ließ, wobei auch eine an der Wiener Straße stehende, dem hl. Maximilian geweihte

Kapelle aus dem 13. Jh. in den Bau miteinbezogen wurde, an deren Stelle die 1507 geweihte Klosterkirche errichtet wurde, deren noch existenter Chor – die Alumnatskapelle – heute der einzig erhaltene gotische Sakralbau der Stadt ist. Das Kirchenlanghaus wurde zu Beginn des 19. Jh.s zu einem Wohntrakt umgebaut. Das erste Kloster fiel, nachdem es als einer der wenigen Bauten vom großen Stadtbrand von 1474 verschont blieb, dem Brand von 1621 zum Opfer und wurde ab 1643, unterstützt durch den Lilienfelder Abt Cornelius Strauch und den St. Pöltner Propst Johannes Fünfleutner sowie durch zahlreiche Stiftungen St. Pöltner Bürger von Domenico Canevale neu erbaut. Durch die großzügige Unterstützung von Gräfin Caroline Polyxena von Kiesel, geb. Montecuccoli, konnte das Klostergebäude 1715 erhöht werden, erhielt die Kirche eine neue Barockeinrichtung und wurde das Refektorium stuckiert. Nach der Klosteraufhebung 1783 kurzzeitig in Militärverwendung, wobei die Klosterkirche als Magazin für Heu und Hafer bestimmt wurde, wurde das Gebäude ab 1790 durch Bischof Kerens seinem neuen Verwendungszweck als Alumnat zugeführt.
Schräg gegenüber dem Alumnat befindet sich das ehemalige *Bürgerspital*, an dessen Stelle schon im 12. Jh. ein Spital des Chorherrenstiftes stand, das 1539 im Tausch gegen andere Besitzungen an die Stadt überging. Nach einem Brand im Jahr 1833 wurde es ab 1835 durch Josef Schwerdfeger im Stil des Biedermeier wiedererrichtet, das, lange Zeit leerstehend, ab 1995 vorbildlich revitalisiert wurde. Die einst dem hl. Oswald geweihte, heute von Altkatholiken genutzte Kapelle ist der einzige sakrale Biedermeierbau in St. Pölten.
Den Abschluß der Wiener Straße bildete ursprünglich das Wiener Tor, ein festungsartiger, 1778–1787 abgetragener Bau, an dessen Stelle 1810 anläßlich der Durchfahrt Marie Louises zur Hochzeit mit Napoleon ein 1885 demoliertes klassizistisches Nachtwärtertor errichtet wurde.

ANGST VOR DER RÄUBERLEITER. Nach diesem imaginären Schwenk zum ehemaligen Wiener Tor begeben wir uns durch die Ranzonigasse zur *Hofstatt*, früher einer der heimeligsten Plätze Alt-St.-Pöltens, von dem Schwerdfeger meinte, er wäre der richtige Platz für ein in den Stil der Umgebung gebrachtes Denkmal für Jakob Prandtauer gewesen. Anlaß für seine Anregung war das seiner Meinung nach von Prandtauer geplante sogenannte Bischofstor, durch das Bischof Kerens 1785 seinen Einzug in St. Pölten hielt, tatsächlich ein Werk Josef Munggenasts von 1739 bzw. noch exakter eine Kopie nach Munggenast aus dem Jahr 1907, wurde dasselbe doch, aus Angst, man könne es als „Räuberleiter“ für den Einstieg in die neu errichtete Bezirkshauptmannschaft verwenden, damals um etwa 10 m nach Westen versetzt. Schwerdfegers Anregung mit dem Prandtauerdenkmal hätte dennoch einiges für sich gehabt, handelte es sich doch bei der anstelle der heutigen Fahrschule befindlichen ehemaligen Schmiede um einen der wenigen Profanbauten Prandtauers in St. Pölten, der 1961 leider einem denkmalpflegerischen Vandalenakt zum Opfer fiel. Anstelle des inzwischen ja am Europaplatz errichteten Prandtauerdenkmals gedenkt nunmehr ein 1928 geschaffener sterbender Krieger von Wilhelm Frass im Ersten Weltkrieg gefallener Opfer.
Die Bezirkshauptmannschaft und den Bischofsteich passierend, an dem sich bis 1871 der von Carl Schindler noch 1835 in einem heute im Stadtmuseum befindlichen Gemälde festgehaltene „Teichturm“ befand, gelangt man in die *Klostergasse*, in der sich als bedeutendstes Denkmal Prandtauers Wohnhaus befindet. Bevor wir jedoch dorthin gelangen, passieren wir das nach dem Zweiten Weltkrieg weitgehend umgebaute ehemalige „Haslingerhaus“ Klostergasse 35, an dem eine Gedenktafel an den lange Zeit hier wohnhaften St. Pöltner Dichterfürsten *Franz Keim* (1840–1918) gedenkt. Hier entstanden die meisten Werke des heute lediglich mehr Kennern bekannten Dichters, dessen Stücke wie die keines anderen durch Jahrzehnte hindurch im Stadttheater, aber nicht nur dort, sondern etwa auch im Wiener Burgtheater, bejubelt wurden, der darüber hinaus aber auch als Lehrer am Landes-Real- und Obergymnasium in St. Pölten zu einer regelrechten St. Pöltner Institution geworden war. Nur wenige überragen ihn in St. Pölten an Bedeutung, so etwa *Jakob Prandtauer*, dessen Wohnhaus in der Klostergasse 15, das er von 1692 bis zu seinem Tod 1726 bewohnte, zwar außen mehrfach verändert wurde, im Inneren aber noch weitgehend auf die Barockisierung des Gebäudes durch Prandtauer zurückgeht, der in unmittelbarer Nähe, verborgen hinter den dem Haus gegenüberliegenden Mauern des sogenannten Bischofsgartens, auch den 1780 von dem greisen Bartolomeo Altomonte freskierten Gartenpavillon des Chorherrenstiftes errichtet hat.

Thomas Karl

Von 1692 bis zu seinem Tod im Jahre 1726 wohnte Jakob Prandtauer in seinem Haus in der Klostergasse 15.

SPECIAL DIE KREMSER GASSE

Zum Riemer- und zum Bahnhofplatz hin werden die Häuser höher. Unten: das ehemalige Hotel Pittner.

Ist der Riemerplatz rund ums Ohr des Bürgermeisters, wie die Skulptur schon bald getauft wurde, das Herz der Stadt, dann sind Rathaus- und Domplatz die beiden Lungenflügel, aber die Kremser Gasse ist die Aorta. Tatsächlich pulsiert hier das Leben durch. Es gibt zweierlei Fußgängerzonen, solche der beschaulichen Ruhe, und solche lebhaften Verkehrs; die Kremser Gasse als eine der ältesten Österreichs – 1961 umgewidmet – gehört zu den letzteren. Zumal bei Stadtfesten schwillt sie an wie die Traisen bei Hochwasser und pumpt nur mehr Menschen in beide Richtungen, zum Verweilen ist sie dann schon viel zu belebt.

Zweimal täglich fluten Schülerströme durch die Schreiner- und Kremser Gasse zum Bahnhof. Denn wenn wir schon beim anatomischen Vergleich bleiben, nach der Idee der alten Stadtväter war der Schillerplatz im Süden sowas wie der Magen der Schulstadt, an vier Seiten von Schulgebäuden gesäumt, von denen der Bombenkrieg freilich zweien inzwischen den Garaus gemacht hat. Letzte Reste der zum Bahnhof hin pendelnden Peri- bzw. Antiperistaltik sind die Schülergruppen auf den Bänken der Fußgängerzone, die sich schließlich am Nachmittag langsam, unter Hinterlassung von größeren Ansammlungen von Bierflaschen, verkrümeln – Zubrot für die Bettler und Sandler, die die Fußgängerzone auch frequentieren.

Zu Zeiten, als von der Militärunterrealschule der Kadett Rilke mit seinen Kameraden durch die Brunngasse und wenig später der Internatszögling Paula von Preradović vom Institut der Englischen Fräulein in der Linzer Straße her mit ihren Köfferchen durch die Kremser Gasse in Wochenenden und Ferien abzogen und sich in den Lokalen der Bahnhofsmeile letzte Stärkungen für die Reise servieren ließen, mag es noch manierlicher zugegangen sein, zum mindesten die *Sonette aufs St. Pöltner Land*, in denen sich die Dichterin der Bundeshymne in ihre Jugend zurückversetzt, und der Nostalgie-Band J. V. von Schöffels *Servus, Kamerad!* über das St. Pöltner Militär-Lisolium erwecken diesen Eindruck. Während die Linzer Straße den Militäreleven als tägliche Ausfallstraße zu ihren Geländeübungen verhaßt war, hatte die Kremser Gasse für sie das Flair kulinarischer Köstlichkeiten, von denen sich heute allerdings einige namhafte Konditoreien in Seitengassen vor dem allzu rasanten Stadtverkehr verstecken.

Unvorstellbar, daß dieses Gäßchen auch noch von zwei Gehsteigen gesäumt einst Raum für den Autoverkehr bot, etwa der Kolonne, mit der seinerzeit Adolf Hitler beim „Anschluß" in die Stadt ein- und beim Hotel Pittner vorfuhr, um dort gegen 16 Uhr seinen Haferschleim einzunehmen, bevor er sich vom Balkon seinen St. Pöltner Fans zeigte. Allerdings nicht, ohne daß eine Vertrauensperson dem Führer den Vorkoster machen mußte, was der Hoteleignerin Karoline Pittner den beleidigten Stoßseufzer entlockt haben soll: „Mein Führer glaubt, ich will ihn vergiften!" Dabei lag der treuen Seele nichts ferner, deutschnational gesinnt wie das antiklerikale Bürgertum der Zwischenkriegsstadt insgesamt, und bis 1945 soll ihre Hotelhallen auch ein entsprechend prunkvolles Hitlerbild geziert haben.
Es hat sich also auch Geschichte abgespielt in unserer Gasse, wie eine weitere Pittner-Anekdote zeigt, die, wenn schon nicht wahr, so doch wenigstens gut erfunden ist: Wie der Advokat Dr. Morgenstern 1938 am Vorabend seiner Emigration abschiednehmend durch die Kremser Gasse geht und der Hoteliersfrau begegnet, die zu ihm auf die andere Straßenseite wechselt und dem Verblüfften, der schon die Hand zum Abschiedsgruß ausstrecken will, als aufrechte Antisemitin ins Gesicht spuckt. Da die Familie das Klima in Palästina aber nicht ertragen konnte und als eine der ersten Familien nach dem Zusammenbruch wieder nach St. Pölten zurückkehrte, gibt es aber auch das Pendant der Szene: Dr. Morgenstern geht erstmals durch die vom Krieg in Mitleidenschaft gezogene Stadt und begegnet in der Kremser Gasse wieder der Hoteliersfrau, und sie wechselt wieder den Gehsteig, aber während Dr. Morgenstern schon zu einer Abwehrgeste ausholt, ergreift sie seine Rechte und schüttelt sie beflissen mit den Worten: „Na also, den Hitler hätten wir auch überstanden!" Dieses Wir-Gefühl ist seit Kriegsende in der Stadt gewachsen, und nicht zuletzt die Kremser Gasse mit ihren improvisierten Schanigärten vor den Kaffeehäusern und Konditoreien hat dazu das Ihre beigetragen, obwohl sie in den Abendstunden noch immer nicht die perfekte Flaniermeile ist, deren sich andere Städte rühmen, weshalb die Lokale hier vor nicht allzulanger Zeit im Brauch hatten, früh zu schließen.

Ja, die denkwürdigen Runden in den Kaffeehäusern: Wo sind die Zeiten, in denen man im Café Wolf skurrilen Stadtoriginalen begegnen konnte, jeden Tag mit einem neuen Projekt in der Tasche. Keine Projektemacher, sondern Alt-St.-Pöltner, die noch immer die legendäre Montagrunde beleben, konnte man dage-

Good life, dolce far niente oder einfach Gemütlichkeit: Die Kremser Gasse hat für jeden etwas zu bieten.

Kaiserlich gibt sich die Kremser Gasse am Bahnhofplatz, volkstümlich Ecke Marktgasse.

gen Samstag nach der Marktzeit beim Unterberger antreffen, unter ihnen den weitgereisten Vickerl Kroboth und den Stadtpropheten Michael Dajc, als der noch mit dem Plan einer Revitalisierung des Schlosses Viehofen schwanger ging, oder den Dr. Hans Morgenstern junior, dem das Institut für Geschichte des Judentums in der Synagoge die Dokumentation über die örtliche jüdische Gemeinde verdankt.
Die Kremser Gasse war freilich schon zu Beginn des Jahrhunderts der Sammelpunkt der Kultur, und eben das neuerbaute, internationalen Beherbergungsmaßstäben genügende Hotel Pittner, das jetzt entkernt wird, war Zentrum des Geschehens. Eine vom nahen Wien gespeiste St. Pöltner Boheme trieb hier ihr Unwesen, von dem namentlich Liebesabenteuer mit den Choristinnen des Stadttheaters bei den Protagonisten in Erinnerung blieben. Die in den neunziger Jahren des 19. Jahrhunderts als Garnisonsstadt ausgebaute heutige Metropole war damals sozusagen Provinzstadt erster Wahl für die Wiener Lebewelt, eingeladen vom nachmals ersten und einzigen Dadaisten der Stadt, dem Innenarchitekten, Otto-Wagner-Schüler und Bürgermeisterssohn Jacky Ofner.

Das internationale Flair des Stadthotels Pittner ist verweht, aus der Kremsergassenfassade des Traditionshauses wie zur Buße ein Schuhgeschäft unter vielen geworden, nur die Jugendstilmöbel Hans Ofners haben noch ihren Anwert im Antiquitätenhandel. Nichts erinnert mehr daran, daß hier auch der Parnaß St. Pöltens logiert hat. Nicht nur Ofner hat hier mit Franz Blei champagnisiert, auch der noch minderjährige Rilke hat sich im Pittner an den Schiller-Epigonen und wohlbestallten Gymnasialprofessor Franz Keim angepirscht. Und als Josef Weinheber in den späten dreißiger Jahren Kirchstetten an der Westbahn zu seinem poetischen Standquartier gemacht hat, konnte man ihn auf dem Weg zum Bahnhof mit einem Rucksack voller Einkäufe in der Schwemm' des Hotels zukehren und unter Kutschern und Landvolk schon halb beduselt griechische Versmaße skandieren hören. Aber auch die mit Heurigen auf die Tische gezeichneten Rhythmen sind längst verwischt …

Bewaffnet mit einem von diesen und ähnlichen kulturhistorischen Anekdoten geschulten diagnostischen Blick wird man nicht nur ehrfürchtig am Geburtshaus Julius Raabs vorbeipromenieren, sondern auch zu würdigen wissen, daß dieses erst 1900, also zu Leb-, wenn auch weit vor den Regierungszeiten des Stadt- und Staatsbaumeisters, mehrstöckig umgebaut wurde. Wenn der Blick von dort nach den beiden Enden der Kremser Gasse ausschwingt, kann man beobachten, wie die Giebellinie zum Herzen hin, nämlich zu den barocken Stadtpalais, ebenso ansteigt wie zum Bahnhofplatz hin, wo der Bauboom der Gründerzeit in unmittelbarer Nähe seines Auslösers zugeschlagen hat: der Verkehrsanbindung der vorher laut Herzmanovsky-Orlando *verschlafenen Bischofsstadt.* Sie hat ein Jugendstil-Terminal in Bahnhofsnähe und ein barockes in der Altstadt – aber was sich dazwischen ausdehnt, ist im Grundbestand biedermeierlich geblieben. Und vielleicht ist das der Grund, daß die Gasse mit den Volksbelustigungen aufblüht, die mit Landeshauptstadt- und Höfefesten seit einigen Jahren langsam wieder in ihr Einzug halten und mit Bauernmarkt oder Langos-Buden wieder für die Volksfeststimmung sorgen.

Alois Eder

Eine der ältesten Fußgängerzonen Österreichs läßt vergessen, daß sich einst der gesamte Durchzugsverkehr durch die St. Pöltner Innenstadt zwängte.

Olbrich & Co

MEISTER DES JUGENDSTILS

Das heutige „Stadthotel" Ecke Fuhrmannsgasse/ Schulgasse und das Wohnhausensemble in der Schneckgasse verbreiten mediterrane Atmosphäre.

Gegen Ende des 19. Jahrhunderts wurde die Kunst in ganz Europa von einer Erneuerungsbewegung erfaßt, die unter dem Begriff „Jugendstil" zu allgemeiner Bekanntheit gelangte und deren Ausläufer auch die kleine Bezirksstadt St. Pölten trafen. Mit einem Paukenschlag führte sich der Jugendstil in der Stadt ein. Kein geringerer als der Erbauer der Wiener Secession, Joseph Maria Olbrich, errichtete 1899 in der Kremser Gasse ein Wohnhaus für den Arzt Dr. Hermann Stöhr, das an Radikalität auch alles Kommende in den Schatten stellen sollte. Der skulptural empfundene Baukörper, der sich über dem Erdgeschoß mächtig vorwölbt, wurde mit floralem Stuck und Metalldekor sowie mit färbigen Glasfenstern versehen. Einige Jahre später berichtet eine lokale Zeitschrift über die Reaktionen, die der ungewöhnlich ornamentierte Bau in St. Pölten auslöste: Während ihn die Aufgeschlossenen enthusiastisch begrüßten, erfanden die Konservativen das Spottwort vom „Haus der chinesischen Gesandtschaft".

Nicht nur das Barock hat in St. Pölten Spuren hinterlassen, sondern auch die Sezession. Die Begegnung der beiden Stile prägt das Stadtbild in reizvoller Weise.

Links außen: Jugendstiltor in der Nähe der Bezirkshauptmannschaft.
Links: Die Villa Stöhr am Eingang zur Kremser Gasse ist das Hauptwerk des Jugendstils in St. Pölten.

Das Auftreten Olbrichs blieb in der lokalen Baukultur nicht ohne Reaktion. Selbst die arrivierten Baumeister schmückten ihre neuesten Bauten nun mit floralen Ornamenten und Mädchenmasken. Es blieb jedoch bei Applikationen, während die weiterhin konservative Struktur der Gebäude eine „Durchformung" der Fassaden in Olbrichschem Sinne vermissen ließ – so zu sehen etwa bei dem bedeutenden Villenbau Maria-Theresia-Straße 7 aus dem Jahre 1902 von Heinrich Wohlmeyer.
Manche der jungen Architekten, die eine tiefgreifende Auseinandersetzung mit dem neuen Stil suchten, absolvierten ihr Studium bei Otto Wagner an der Wiener Akademie. Neben Rudolf Wondracek jun. zog es auch Rudolf Frass nach Wien, dessen „Marienheim" (Maria-Theresia-Straße 10) ein frühes Meisterwerk des damals erst 22 Jahre alten Künstlers darstellt. Besonders zu erwähnen sind auch die Arbeiten einiger nicht ortsansässiger Architekten, etwa Carlo von Boogs Übungsschule des Lehrerseminars am Schulring, Theodor Schreiers Synagoge oder das vom Wiener Maurermeister Johann Lackner entworfene heutige „Stadthotel" (Ecke Fuhrmannsgasse/Schulgasse).
Für das Auftreten Olbrichs in der Stadt war eigentlich ein Maler verantwortlich. Ernst Stöhr, 1860 in St. Pölten geboren und Mitbegründer der Wiener Secession, hatte den Künstlerfreund an seinen Bruder vermittelt und selbst ein Sgraffito gestaltet, das auf dessen Beruf Bezug nahm. Neben dem sensiblen Stöhr, der 1917 Selbstmord begehen sollte, war auch der um elf Jahre jüngere Ferdinand Andri in der Secession vertreten. Der Künstler erregte vor allem mit der Umsetzung bäuerlicher Themen großes Aufsehen. Um 1900 arbeitete Andri, zusammen mit seiner Frau, der Malerin Charlotte Andri-Hampel, häufig in St. Pölten, wo er seine Kindheit und Jugend verbracht hatte. Motive der Stadt und ihrer Umgebung fanden so Eingang in „Ver Sacrum", das Hausorgan der Secession. Ein Großteil des Nachlasses der genannten Künstler befindet sich im Stadtmuseum.
Zu den Architekten und Malern gesellt sich auch ein Meister des Kunstgewerbes: Hans Ofner, bei Josef Hoffmann geschult, war vorrangig auf dem Gebiet der Innenraumgestaltung tätig, wofür sein Hauptwerk, die Ausstattung der Villa Godderidge in Viehofen, eindrucksvolles Zeugnis ablegt.
Der Jugendstil wurde prägend für das Erscheinungsbild der Stadt und übt bis heute seinen Zauber auf deren Bewohner und Besucher aus.

Thomas Pulle

Auch außerhalb der Altstadt, hier in der Maria-Theresia-Straße, finden sich bemerkenswerte Jugendstilbauten.

Vier Jahrzehnte hindurch wurde die verwüstete St. Pöltner Synagoge kaum zur Kenntnis genommen.

SPECIAL DIE SYNAGOGE

Erst um die Mitte des 19. Jahrhunderts kam es zu einer verstärkten Ansiedlung von Juden in St. Pölten, nachdem diese zuvor – die ersten jüdischen Bewohner lassen sich am Ende des 13. Jahrhunderts nachweisen – oft der Willkür der Mächtigen ausgesetzt waren, selten Aufenthaltsrecht besaßen und im glücklichsten Fall geduldet waren.

Seit dem Jahre 1888 bemühte sich die seit 1863 anerkannte, rasch wachsende jüdische Kultusgemeinde St. Pöltens um ein neues Bethaus, da ein als Kultraum dienendes Gebäude der Gasser-Fabrik den räumlichen Anforderungen nicht mehr entsprach. Erst 25 Jahre später, 1913, wurden diese, von großen Anstrengungen begleiteten, Bemühungen mit der glanzvollen Eröffnung des neuen Synagogenbaus belohnt.

Weitere 25 Jahre später war die Synagoge im Inneren vollkommen zerstört und mit ihr die Hoffnungen der St. Pöltner Juden auf eine Zukunft in dieser Stadt. Während des November-Pogroms des Jahres 1938, im Nazi-Jargon auch als „Reichskristallnacht" bekannt, drang eine von blinder Zerstörungswut erfaßte Menge in den Tempel ein und zertrümmerte neben der Inneneinrichtung auch die färbigen Glasfenster, während Kultgeräte und Bücher verbrannt wurden. Für die St. Pöltner Juden folgten Mord – eine Gedenktafel an der Synagoge listet die Opfer auf – und Vertreibung. Wer in oft weit entfernten Ländern Zuflucht fand, konnte meist nur das nackte Leben retten, während alles Hab und Gut, das oft von Generationen aufgebaut worden war, unter beutegierigen „Arisierern" aufgeteilt wurde.

Die Synagoge war dem Verfall preisgegeben. Gegen Kriegsende von Bombensplittern beschädigt, wurde ihr baulicher Zustand in den kommenden Jahrzehnten immer bedenklicher. Das Gebäude stand als Mahnmal für eine zerstörte Kultur und viele zerstörte Leben. Dieser Zustand währte bis ins Jahr 1980, in dem durch eine gemeinsame Anstrengung der Israelitischen Kultusgemeinde Wien, der Stadt St. Pölten, des Landes Niederösterreich und des Bundes die Wiederherstellung des Gebäudes in Angriff genommen wurde. Der 1984 abgeschlossenen Renovierung, der einzigen einer niederösterreichischen Synagoge nach 1945, folgte eine Revitalisierung. Im ehemaligen Schul- und Wohnhaus der Kultusgemeinde in der Lederergasse wurde das „Institut für Geschichte der Juden in Österreich" etabliert, das sich als eines der Zentren der jüdischen Historie in Europa sieht, was etwa in den jährlich veranstalteten, international besetzten Sommerakademien zum

Ausdruck kommt. Die Synagoge selbst wird vorwiegend für kulturelle Veranstaltungen – Konzerte, Ausstellungen, Lesungen und Symposien – genutzt.
Erst diese Öffnung ließ viele Menschen dieses ab 1912 nach den Plänen der Wiener Architekten Theodor Schreier und Viktor Postelberg errichtete Gebäude wiederentdecken. Bestimmend für das Bauensemble ist der mächtige, von einer Kuppel bekrönte Haupttrakt, der in einem Giebelfeld die mosaischen Gesetzestafeln trägt. Mit der farbenprächtigen Schablonenmalerei im Inneren entfaltet sich die ganze Ausstattungskunst des Jugendstils.
In einem der Fenster findet sich seit einigen Jahren ein Leuchtobjekt des Künstlers Peter Daniel. In rhythmischen Abständen erlischt der erste Buchstabe des hebräischen Wortes „Emet" (Wahrheit), wodurch sich die veränderte Bedeutung „Met" (Tod) ergibt. Ein treffender symbolischer Verweis auf die barbarisch zerstörte, ehemals blühende jüdische Gemeinde St. Pöltens.

Thomas Pulle

Heute ist die St. Pöltner Synagoge ein exquisiter Rahmen für Tagungen und kulturelle Veranstaltungen.

Lebenswelten

WERKEN, WIRTSCHAFTEN, WOHNEN

Während die St. Pöltner im Mittelalter und bis ins 19. Jahrhundert hauptsächlich Handwerker, Kaufleute und Lohnabhängige waren, änderte sich die Struktur danach mit der Errichtung wichtiger Fabriken zur Industriestadt und schließlich nach dem Zweiten Weltkrieg zum Dienstleistungs- und Landeszentrum.

Mit der Westautobahn (1958) und später der Schnellstraße S 33 St. Pölten–Krems (1983) erhielt der Verkehrsknotenpunkt eine zusätzliche Aufwertung. Die Hochleistungsstrecke der Bundesbahn und der geforderte Bau der S 34 Richtung Süden sind wichtige Maßnahmen für die nächste Zukunft. In den 60er Jahren begannen sich die ersten Großmärkte anzusiedeln, wodurch die Stadt interessant für Konsumenten über die Region hinaus wurde.

Im Zuge der Hauptstadtentwicklung kam es vor allem im Bereich des Handels zu einem Bauboom. St. Pölten verfügt über 8 Prozent Kaufkraftbindung des Bundeslandes bei nur 2 Prozent der Bevölkerung.

Dem internationalen Trend folgend fiel die Zahl der Beschäftigten im Industriebereich, während der Dienstleistungsbereich um 45 Prozent zulegen konnte. Rund 1.000 Industriearbeitsplätze gingen alleine in den letzten zehn Jahren verloren. Doch konnten neue bedeutende Betriebe angesiedelt werden.

Hand in Hand mit der Übersiedlung der Landesregierung und -verwaltung übersiedeln Versicherungszentralen und Institutionen. Die Zahl der Arbeitsplätze nahm seit 1991 von 30.548 auf über 34.000 zu, wobei in dieser Zahl noch nicht die rund 3.000 Landesbediensteten berücksichtigt sind. Die Stadt förderte im Gegenzug zum Aufschwung im Dienstleistungsbereich den Gewerbe- und Produktionsbereich dadurch, daß im Süden zwischen Spratzern und St. Georgen, im Norden bei Unterradlberg und in Ratzersdorf große Gewerbegebiete eingerichtet wurden. Der Trend von der traditionellen Industriestadt hin zur Dienstleistungsstadt wird aber auch in den nächsten Jahren anhalten. Ein neues Image für das Wirtschaftszentrum St. Pölten ist dadurch bereits vorprogrammiert.

Matthias Stadler

Magie

DER INDUSTRIE

St. Pölten ist einer der bedeutendsten Bahnknotenpunkte Österreichs. Dank der Werkstätten der Bundesbahnen ist die Bahn in der Stadt auch ein erheblicher Wirtschaftsfaktor.

St. Pölten hat seit jeher durch seine geografische Lage und verkehrsgünstige Erschließung gute Voraussetzungen als Wirtschaftszentrum der Region. Die Lage im Alpenvorland und südlich der Donau war und ist ein wichtiger Verbindungsweg zwischen Nordwest- und Südosteuropa. Schon im 2. Jh. entstand der zentrale Ort Aelium Cetium am Übergang der Limesstraße über die Traisen. Das römische Munizipium hatte vor allem zivilen Charakter und war Sitz gewerblicher Produktionsstätten (Töpfer, Bronzegießer und Glasbläser).
Nach der Zerstörung der römischen Siedlung gibt es keine weiteren Zeugnisse für eine dauerhafte Besiedlung und wirtschaftliche Bedeutung bis zur Gründung des dem heiligen Hippolyt geweihten Benediktinerklosters Ende des 8. Jahrhunderts. Der Handel und damit auch das Gewerbewesen entwickelten sich aber sicherlich erst stärker, als das Kloster 1059 das Marktrechtsprivileg erhielt. Für das Wirtschaftsleben waren nicht so sehr die täglichen Märkte, wie der

Die Windräder bei Pottenbrunn sind ein Symbol für die Innovationsbereitschaft und Dynamik der Stadt an der Traisen.

Milchmarkt, der tägliche Markt auf dem Herrenplatz, die Fleischbänke, Brot- und Fischverkaufsstellen auf dem Breiten Markt (heute Rathausplatz), sondern die Wochenmärkte und Jahrmärkte von Bedeutung. Der älteste Jahrmarkt wurde am Hippolyt-Tag mit vierwöchiger Freiung seit dem Jahr 1338 abgehalten, 1451 kam ein zweiter Jahrmarkt in der Fastenzeit dazu. Beide waren für die Stadt von großer gesellschaftlicher und wirtschaftlicher Bedeutung.

FERNHANDEL UND NAHVERSORGUNG. Die St. Pöltner Handwerker und Gewerbe erzeugten schon im Mittelalter auch Produkte für den Fernhandel. Unter den Gewerben waren die Tuchmacher und Lederer die bedeutendsten. Aus einer Urkunde aus dem Jahr 1259 geht hervor, daß die St. Pöltner Tuchmacher Stoffe erzeugten, die sie in Wien absetzten. Das grobe, rote „Pöltinger Tuch" wurde zu einem Begriff. Um 1310 wurde dieses Tuch sogar nach Wiener Neustadt verkauft, womit das „Pöltinger Tuch" auch der Ware des Wiener Marktes den Rang abgelaufen haben dürfte. Die Bedeutung dieses Gewerbes geht auch daraus hervor, daß in St. Pölten das Handwerk des Färbers, Tuchschneiders und Walkers betrieben wurde. Die Textilerzeugung hatte damit in St. Pölten, schon lange vor der industriellen Fertigung in der Spitzen-, Schüller-, Harlander- oder Glanzstoff-Fabrik, Tradition. Außer den Tuchmachern und Lederern finden sich in den Urbaren von 1324 und 1391 Schneider, Huter, Schuhmacher, Handschuhmacher, Fuhrmänner, Wagner, Fütterer, Kummetmacher, Sattler, Riemer, verschiedene Arten von Schmieden, Schlosser, Messerer, Zimmerleute und Schreiner, Binder, Köhler und Flözer, ein Schüssel- und ein „Mulden"-Erzeuger, Goldschmiede und Glaser, die Indiz für den zunehmenden Wohlstand der Bevölkerung sind. Weiters waren Töpfer bzw. Hafner und Ziegelmacher, Müller, Bäcker, Fleischhauer sowie Lebzelter und sogar das Gewerbe des Fischens in der Traisenstadt zu finden. Die Handwerker wohnten in Straßen und Gassen zusammen, die auch nach ihrem Handwerk bzw. dem Gewerbe benannt waren, wie in der Schreiner-, Fuhrmanns- oder Schmiedgasse. Die wichtigsten Gewerbe waren in Zechen organisiert und hatten eine eigene Ordnung. Auch die St. Pöltner Handwerker folgten in dieser Zeit dem Beispiel ihrer Kollegen aus anderen Städten und traten zur Förderung ihrer eigenen Interessen über die „engen" Stadtgrenzen hinaus und schlossen sich gleichen Verbänden an. In der Folge gewann das Handwerksleben in St. Pölten weiter an Vielfalt, und die einzelnen Handwerkerordnungen wurden erweitert und verbessert. Richter und Rat besaßen nicht nur das Recht, die Ordnungen der Zechen „zu mindern und zu mern", sondern auch zur Kontrolle der Meister und Gesellen. 1775 wurden in St. Pölten elf Hauptladen und 1773 153 Gewerbebetriebe im Magistratsbereich sowie 20 im Klosterviertel verzeichnet.

MÜHLEN UND MANUFAKTUREN. Mit dem Aufschwung der Manufakturen Ende des 18. Jahrhunderts entstanden bereits größere Produktionsbetriebe, wobei vor allem die vielen Mühlen entlang der Werksbäche an der Traisen eine entscheidende Rolle spielten. Bereits 1638, nach dem Zerfall der Mühleninnung, wurden die Wasserrechte an der Traisen gesichert, und die Mühlenbesitzer zählten zu den Pionieren der wirtschaftlichen Organisation, auf der die spätere Wassergenossenschaft und der Wehrverband St. Pölten aufbauten. 1854 gab es 17 Mahl-, fünf Säge- und eine Knoppernmühle in St. Pölten. Kattunfabriken entstanden in St. Pölten und Stattersdorf, Papierfabriken in Stattersdorf und Oberwagram, die Spiegelfabrik in Viehofen, eine Steingut- und Fayencefabrik in St. Pölten, Ziegelbrennereien in St. Pölten und Harland, zwei Bierbrauereien und eine Zündhölzerfabrik. Bis 1875 bestand dann in der ehemaligen Kattunfabrik in Stattersdorf die „landesbefugte" Maschinen-, Holzschrauben-, später Eisen-, Messing- und Kupfernietenfabrik. 1860 entstand als Vorläufer des St. Pöltner Betriebes der Firma Schüller im Norden der Stadt die Börtlfabrik. 1869 übernahm die Familie Salcher die Spinnerei Schramm in Harland und legte damit den Grundstock für das Großunternehmen „Harlander Baumwollspinnerei und Zwirnfabrik AG". Bereits ab 1867 produzierte Friedrich Austin in der „Bobinet und Spitzenfabrik" in Viehofen.
Die Öffnung der Stadt brachte die Erbauung der Westbahn, mit deren Errichtung die Stadtmauern geschleift wurden und mit der ein überregionales Transportmittel mit großer Kapazität als Tor zur Welt zur Verfügung stand. Diese bedeutende Verkehrsanbindung bildete die Basis für eine erfolgreiche Industrialisierung. Durch die neue Gewerbefreiheit ab 1859 wurde die wirtschaftliche Entwicklung darüber hinaus zusätzlich gefördert.
Um die Jahrhundertwende bestanden bereits folgende größere Betriebe auf dem Gebiet der Metallindustrie: die „Gasserfabrik", die Sägenfabrik „Meuser" in Spratzern und die „Steinfeldfabrik" im Norden der Stadt in Viehofen. Im Textilbereich bestanden die bereits erwähnte „Harlander Baumwollspinnerei und Zwirnfabrik", die „Schüllerfabrik" und die „Spitzenfabrik" in Viehofen. In der Papierproduktion waren die Firma „Salzer" in Stattersdorf und die „Elbemühl" in Oberwagram entstanden. Die Kerzen- und Seifenherstellung der Familie Benker war zu einem bedeutenden Fabriksbetrieb ausgebaut worden. Die Brauerei „Winger" war modernisiert worden, und seit 1886 bestand die Wagenfabrik „Zeller" sowie seit 1893 die Zementfabrik „Lehner und Linhart".

GROSSBETRIEBE UND BAHNEN. Der Höhepunkt der Industriegründungen wurde in den Jahren 1904 bis 1908 erreicht. 1904 errichtete Friedrich Voith aus Heidenheim ein Tochterwerk, das bis heute Papiermaschinen und Turbinen herstellt. 1933 wurde das sogenannte „Voith-Turbogetriebe" für Dieseltriebwagen und Diesel-Lokomotiven entwickelt. Die Firma glänzte immer wieder durch Spitzenleistungen wie durch die Entwicklung des weltgrößten Drehwerkes.
1905 entstand bei der Salzer-Papierfabrik in Stattersdorf ein Zellulosewerk, 1906 konnte die Glanzstoff-Fabrik im Norden der Stadt eröffnet werden, die bereits 1908 erweitert wurde. 1929 verfügte das Werk bereits über 3.000 Beschäftigte, mit einer Tagesproduktion von 6.000 Tonnen. Als dritter

Großbetrieb wurde 1907 die Hauptwerkstätte der Staatsbahnen errichtet. Die Bahnwerkstätte in Hart folgte in der Zwischenkriegszeit. Alle drei großen St. Pöltner Traditionsbetriebe, die nach der Jahrhundertwende entstanden, erlebten viele Rationalisierungswellen und waren von den wirtschaftlichen Konjunkturschwankungen in der Zweiten Republik betroffen, doch sind sie bis heute zentrale Produktionsstätten des Wirtschaftsstandortes St. Pölten. Noch vor dieser Entwicklung St. Pöltens zur bedeutenden Industriestadt wurde St. Pölten schrittweise zum Eisenbahnknoten ausgebaut. Nach der „Kaiserin-Elisabeth-Bahn“ entstand 1875/77 die „Traisentallinie“ Richtung Hainfeld und ins Triestingtal nach Leobersdorf. Diese Linie wurde 1878 bis Schrambach, 1893 bis Kernhof und schließlich im Jahr 1908 bis Türnitz verlängert. Eine weitere Bahnlinie führt seit 1885 nach Tulln und erhielt 1889 in Herzogenburg eine Abzweigung nach Krems. 1898 ging eine der schönsten Schmalspurbahnen, die „Mariazellerbahn“, bis Kirchberg an der Pielach in Betrieb. 1907 wurde die schwierige Gebirgsstrecke bis Mariazell eröffnet, und bis 1911 wurde sogar die Elektrifizierung vorgenommen. Während der Zwischenkriegszeit stieg die Arbeitslosigkeit rapide an und erreichte 1932 ihren Höhepunkt. Firmen wie die Viehofner Spitzenfabrik, die Papierfabrik Elbemühl, die Gasserfabrik und die Brauerei Winger mußten geschlossen werden. Es entstanden jedoch einige neue Betriebe, wie die Baufirma „Eberhardt“, das Holzwerk „Reinberg“ die Firma „Kössler“, der Büromöbelerzeuger „Svoboda“ und die Möbelfirma „Leiner“. Nach den großen Bombardements und Zerstörungen des Zweiten Weltkriegs erfolgte der erfolgreiche kontinuierliche Ausbau St. Pöltens zum Dienstleistungs- und Landeszentrum.

Matthias Stadler

Der Fracht- und auch der Personenverkehr sind für St. Pölten gleichermaßen von großer Bedeutung. Ein vorzüglich ausgebautes und immer dichter werdendes Schienen- und Straßennetz verbindet die Stadt mit dem Land ringsum und mit ganz Europa.

SPECIAL

DIE SCHNOFL-SIEDLUNG

Eines der drückendsten Probleme der Zwischenkriegszeit stellte die akute Wohnungsnot dar. In die Amtszeit des Volksbürgermeisters Hubert Schnofl zwischen 1919 und 1933 fallen nicht nur die Erhebung St. Pöltens zur Statutarstadt und die bedeutenden Eingemeindungen von Spratzern, Viehofen und Wagram, sondern auch die Errichtung der städtischen Wasserleitung, der Neubau der Krankenkasse, der Ausbau des Berufsschulwesens, der Energiebetriebe und der städtischen Kraftwagenunternehmungen, der Bau von 800 Wohnungen sowie die Förderung von 100 Siedlungshäusern in der Stadt.
Er wirkte auch bei der Gründung der „Allgemeinen gemeinnützigen Wohnungsgenossenschaft St. Pölten“ im Jahr 1921 mit. Sein Aufbauwerk und Sozialprogramm kann mit den herausragenden Aufbauleistungen der Stadt Wien in der Zwischenkriegszeit verglichen werden. Der herausragenden Persönlichkeit Schnofls wurde mit der Benennung einer eigenen Siedlung im Osten der Stadt ein bleibendes Andenken geschaffen. Noch in seiner Amtszeit 1932 wurde mit dem Bau der ersten Häuser im Stadtteil Wagram begonnen. Die sogenannte „Ostrandsiedlung“ wurde in Zusammenarbeit der Stadt St. Pölten mit der heute noch bestehenden „Allgemeinen gemeinnützigen Wohnungsgenossenschaft St. Pölten“ nach den Plänen von Architekt Rudolf Wondracek errichtet. Ziel war die Errichtung von billigen Eigenheimen in einer Zeit, in der die Stadt und ihr Umland zu den von der Wirtschaftskrise am stärksten betroffenen Notstandsgebieten gehörten.

Das Kerngebiet der Siedlung wurde im Bereich der Anzengruberstraße, Franz-Käfer-Straße, Hubert-Schnofl-Straße und Wiener Straße errichtet. Die Siedlung sollte vor allem einer großen Anzahl von Arbeitslosen mit ihren Familien als neue Heimstätte dienen. Die Baugründe für die ersten Häuser wurden von der Stadt gegen

äußerst geringen Bauzins der „Allgemeinen gemeinnützigen Wohnungsgenossenschaft“ zur Verfügung gestellt. Bei der Auswahl der Siedler waren die Einkommensverhältnisse, die Kinderzahl und die „Tauglichkeit zum Siedeln“ ausschlaggebend. Die Bewerber mußten über Eigenmittel im Ausmaß von 500 Schilling verfügen. Mit der Siedlung wurde außer dem Sozialgedanken auch eine stadtplanerische Maßnahme gesetzt, mit der man das „wilde Bauen“ von Kleinsthäusern nach dem Ersten Weltkrieg in geregelte Bahnen lenkte. Die einfachen Häuser verfügten über eine Zweizimmerwohnung (Wohnküche und Schlafzimmer), wobei ein Raum unterkellert wurde. In der Mansarde war die Möglichkeit zum Ausbau eines Zimmers für Kinder gegeben. Je zwei Siedlungshäuser stießen, um rationell bauen zu können, an der Grundgrenze zusammen.
Jedem Haus war ein Grundstück in der Größe von rund 1.000 m² zugeordnet, wo die Besitzer einen Teil ihres Lebensbedarfes durch Obst- und Gemüsebau sowie durch Kleintierhaltung selbst abdekken konnten. Durch diese Maßnahme konnte die wirtschaftliche Lage, aber auch die Wohnungssituation bedeutend verbessert werden. Außer diesen finanziellen Belastungen mußte noch ein Arbeitsaufwand von ca. 700 bis 900 Stunden beim Hausbau durch die jeweiligen Siedler erbracht werden. Die langfristigen Rückzahlungspläne und die niedrigen Ratenzahlungen brachten keinen der Siedler in existentielle Gefahr. Bis 1936 waren bereits 260 Kleinsiedlerhäuser für rund 1.000 Bewohner errichtet worden. Ein bis heute beispielhafter sozialer Eigenheimbau, der für den Stadtteil Wagram prägend ist.

Matthias Stadler

High-Tech

AN DER TRAISEN

Die Voith-Werke gehören zu den alteingesessenen, aber auch heute erfolgreichen und zukunftsorientierten Industrie-Unternehmen der Stadt im Alpenvorland.

Verkehrsknotenpunkt und Einkaufsstadt, Stadt der Eisenbahner und Schulstadt. St. Pölten ist als Bankplatz und wirtschaftliches Zentrum anerkannt, als Bischofssitz und Sitz der NÖ Landesregierung. Mit High-Tech und mit Innovationen wird die NÖ Landeshauptstadt kaum in Verbindung gebracht. Zu Unrecht, wie sich bei näherem Hinsehen herausstellt.
Das beginnt bei den Ausbildungsstätten: Die *HTL* etwa sorgt schon viele Jahre für gediegenen Techniker-Nachwuchs. Daß in der Höheren Bundeslehranstalt eine Forschungsanlage für Fotovoltaik (Strom aus Sonnenlicht) untergebracht ist, ist nur ein Mosaikstein in der Innovationslandschaft der Landeshauptstadt. Ein weiterer ist in der *Fachhochschule für Telekommunikation und Medien* zu finden. Dort beschäftigt man sich unter anderem mit Holografie. Ein Projekt für die Nationalbank soll helfen, eurocheque-Karten, Kreditkarten, Wertpapiere oder andere Dokumente fälschungssicherer zu machen.

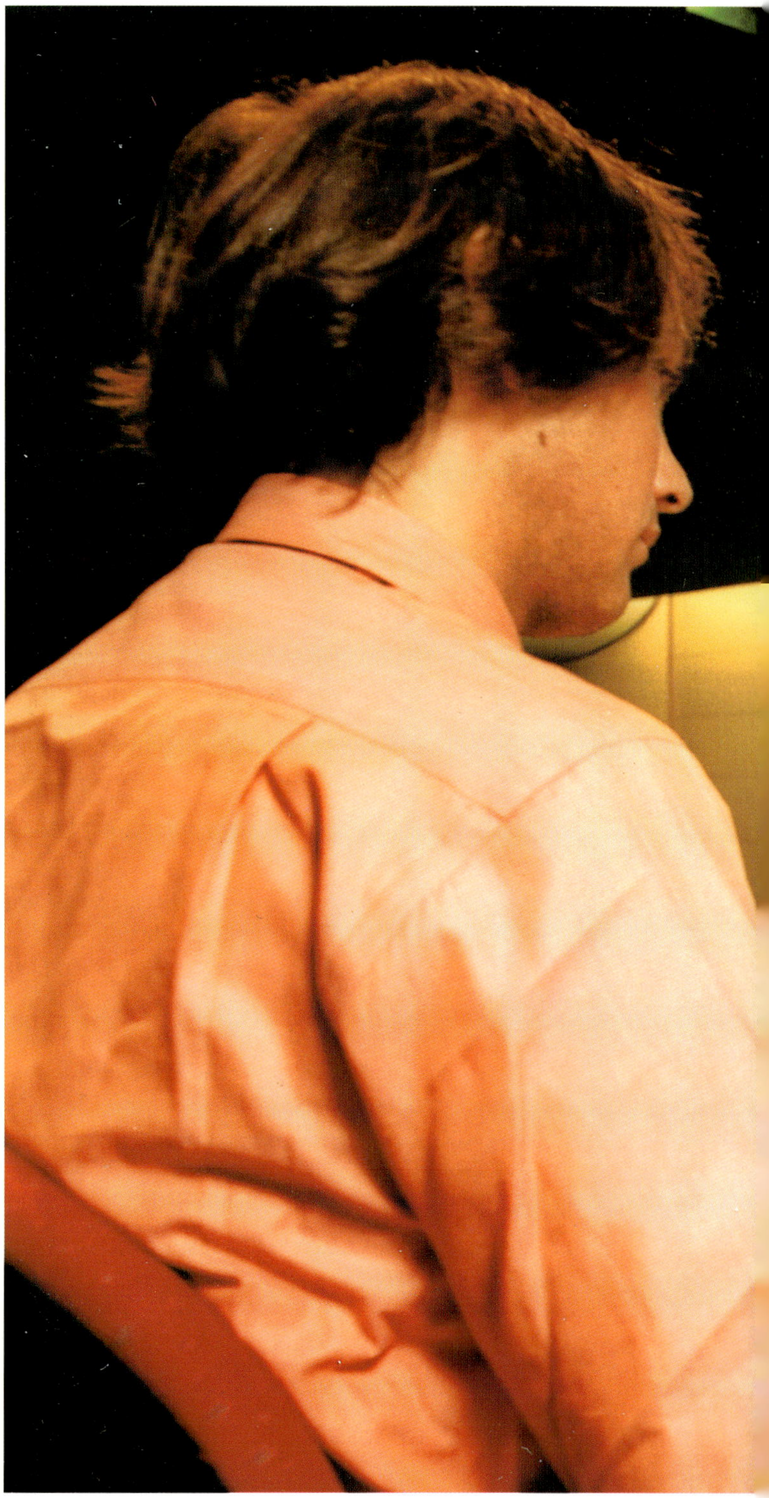

Siemens-Produkte werden in St. Pölten nicht nur entwickelt und hergestellt – vielfach kommen sie hier gleich zum Einsatz.

Hochtechnologie, das kann man aus diesen beiden Beispielen schon erahnen, muß nicht immer in der Fabrik stattfinden. Immer mehr Entwicklungen reichen in den Software-Bereich hinein – oder sind aus intelligenten Mischsystemen entstanden. Etwa, wenn ein Geometer darüber nachdenkt, wie er Landkarten mit Hilfe des Computers aussagekräftiger und intelligenter machen kann. Weil „80 Prozent aller Entscheidungen auch einen räumlichen Bezug haben", deshalb tüftelt DI Hanns H. Schubert schon lange an solchen innovativen Instrumenten, die raumbezogene Entscheidungen auf eine bessere Grundlage stellen können. Das Ergebnis – ein faszinierendes High-Tech-Kind, dessen Kinderstube zu einem guten Teil in St. Pölten stand – heißt *Geo Marketing*.

Bridgestone, Michelin, Goodyear, Continental und Pirelli gehören zu den Kunden der Glanzstoff.

Die Anwendungsmöglichkeiten sind nahezu unerschöpflich. Die treffsichere Planung für Werbe-Postwürfe ist ebenso möglich wie etwa die Optimierung von Routen für Lieferfahrzeuge. Neue, digitalisierte Stadtpläne und Landkarten, die einen Autofahrer punktgenau ans Ziel dirigieren, hängen ebenfalls mit dieser Technologie zusammen. Fest steht, daß etwa der Billa-Konzern das Know-how des St. Pöltners, der sich seit Jahren mit digitaler Kartografie befaßt, mit Erfolg für seine Standort-Politik genutzt hat. Schubert erläutert sein System gern von der Kehrseite: „Wer nichts weiß, zieht einen Kreis." Daher haben er und seine Partner für Geo Marketing ganz Österreich in sogenannte Zählsprengel mit jeweils rund 1.000 Einwohnern auseinanderdividiert. Dafür liegen jetzt (sehr genaue) Daten über Geschlecht, Bildungsstand, Kaufkraft etc. der Bewohner vor, die mit den Daten eines Unternehmens vom Computer verglichen werden. So kann etwa eine Vinothek, erklärt Schubert, ganz genau herausfinden, an welchem Standort die meisten Männer ab 40 Jahren mit Maturaniveau anzutreffen sind. Die Antwort: im Wohnpark Alterlaa in Wien.
Mit dem EDV-System, das die St. Pöltner Geo-Freaks entwickelt haben, läßt sich eine Vielzahl von Problemen lösen – bis hin zur EDV-Datenbank für den Wiener Zentralfriedhof mit immerhin 600.000 Gräbern. Auch da hilft das geografische Informationssystem aus St. Pölten, alle Verstorbenen auf Knopfdruck aufzufinden – und gleich die 5.500 Alleebäume und jeden Meter der 35 km Wasserleitungen auf dem Friedhof dazu.

TURBINEN, PUMPEN. Man denkt fast zwangsläufig an die „Heldensagen" des Wiederaufbaus in Österreich, wenn man die *Voith AG* vor Augen hat. Und in der Tat: Dieses Bild paßt tatsächlich zum St. Pöltner Traditions-Betrieb. Es gibt nur eine einzige Staustufe im Ausbau der Donau mit Wasserkraftwerken, in der sich keine Voith-Turbine dreht.
Aber die Entwicklung ist nicht steckengeblieben. Die St. Pöltner haben sehr viel Know-how und Präzision in ihre Turbinen und Pumpen hineingepackt – und sind mittlerweile im weltweit agierenden Voith-Sulzer-Konzern das Kompetenzzentrum für die Pumpentechnologie geworden. In den Ballungszentren der Welt, wo Trinkwasserversorgung oder Bewässerung zu den zentralen Problemen der Stadtentwicklung gehört, kennt man Voith St. Pölten als Problemlöser. „Wir sind in einer Nische tätig, in der hohe technische Anforderungen gestellt werden", stellt man bei Voith stolz fest. „Strömungstechnik" – das ist die eigentliche Basis für das Tun des Unternehmens, das vor mehr als 130 Jahren in Deutschland seinen Anfang nahm. Schon damals wurden Papiermaschinen produziert. Geräte, die einem flüssigen Brei gezielt und gekonnt Wasser entziehen, sodaß Papier daraus wird. Heute sind gerade diese Maschinen klassische Beispiele für Hochtechnologie – made in St. Pölten. Die speziellen Walzen für die Papiermaschinen, die bei Voith produziert werden, erlauben hohe Geschwindigkeiten in der Papierproduktion (über 100 km/h), breitere Bahnen (über 10 Meter) und höchste Qualitäten – selbstverständlich ohne Abriß in der Produktion.
Seit kurzem ist man insbesondere auf Karton- und Verpackungspapierproduktion spezialisiert – mit weltweiter Marktkompetenz und einer eigenen Forschungs-„Tochter" in Deutschland. Stolzer Voith O-Ton: „Wir sind vom Lizenznehmer zum Lizenzgeber geworden." Rund 120 bis 130 Millionen Schilling werden in Forschung und Entwicklung investiert.
Daß die St. Pöltner Maschinenbauer – abseits der (halbwegs) bekannten Produkte – noch viel mehr draufhaben, zeigt ein kurzer Blick über die breite Angebotspalette. Digitale Turbinenregler (statt der früheren Fliehkraftregler) sind da zu finden, ebenso wie die in St. Pölten entwickelte Strömungskupplung, die heute in vielen Schie-

Eine Stadt für sich ist das Gelände der Voith AG. Im Hintergrund links der Alpenbahnhof.

nenfahrzeugen, Triebwagen oder Rangierloks steckt. Ein Turbo-Wendegetriebe ermöglicht eine vom Antrieb unabhängige Steuerung in allen Fahrtrichtungen. Und – als Ergänzung – haben die Voithler auch eine Strömungsbremse entwickelt – zum weichen Bremsen für schwere Maschinen. Strömungsbremse, Strömungskupplung – man merkt bald: Alles strömt, in Anlehnung an die alten Griechen. Da lag es nahe, dieses Strömen auch aktiv zu nutzen. Das passiert in der Faserzement-Erzeugung. Eine Prise Papier-Technologie – Zellstoff ersetzt die früher verwendeten Asbest-Fasern – vermischt mit Zementmilch: Das Ergebnis ist ein weiteres Produkt der Hochtechnologie – widerstandsfähig, umweltfreundlich und feuerfest.
Ein letztes Beispiel ist die – zugegeben: von einer NÖ Firma als Patent zugekaufte – Mischtechnik, bei der auch wieder viele Strömungs-Erfahrungen von Voith eingeflossen sind. Sie erlaubt das Mischen einer Vielzahl chemischer Verbindungen unter Druck, im Vakuum, unter großer Hitze oder Kälte in den verschiedensten „Aggregatzuständen" (fest, flüssig oder plastisch); eine Innovation, die in der chemischen Industrie zur Anwendung kommt. „Hier haben wir insbesondere unser Know-how bei elektronischen Steuerungen eingebracht", erklärt ein Voith-Manager. Es ist die hohe Bearbeitungsqualität und die Genauigkeit – die Präzisionsarbeit aus St. Pölten –, die hier gepunktet hat.

Nur in einem einzigen Donaukraftwerk läuft keine Voith-Turbine.

CROSS MEDIA MANAGEMENT. Hochtechnologie ganz anderer Art ist im Westen der Stadt zu finden, im *NÖ Pressehaus*, das sich heute als erstes Medienhaus des Landes empfindet. Längst geht es nicht mehr nur darum, Bücher (wie dieses), Plakate, Prospekte, Visitkarten oder die 30 Regionalausgaben der NÖN sowie die großformatige Landeszeitung „NÖ Nachrichten" zu drucken. Im NÖ Pressehaus verfolgt man alle Zweige moderner Kommunikationstechnik – und nutzt sie in vielfältiger Weise. Die Tochterfirma NÖ Online ist im Internet zu Hause, die Radio-Tochter Rpn (Radio Privat Niederösterreich) strahlt ihr Programm (auf fünf verschiedenen Frequenzen) nicht nur ins Heimat-Bundesland, sondern auch nach Wien und ins Burgenland. Die NÖN selbst entsteht mit Hilfe eines der modernsten technischen Redaktionssysteme in Europa. Rund 120 Redaktions- und Verlagscomputer in St. Pölten und im übrigen Niederösterreich sind miteinander vernetzt, tauschen Informationen (Texte, Bilder, Anzeigenplazierungen etc.) aus.

Das Niederösterreichische Pressehaus ist das wichtigste Druck- und Medienzentrum des Landes.

Es ist ein pulsierendes Informations-Netzwerk, das der Produktion von weit über 1.000 Zeitungsseiten pro Woche zugrunde liegt. Und es ermöglicht der NÖN gleichzeitig höchste Aktualität im Dienst für ihre wachsende Leserschaft. Der gekonnte Mix bringt's: Das Gespräch mit dem Bürgermeister einer Kleingemeinde, ergänzt um eine Internet-Recherche in Brüssel oder eine lokale Info-Grafik (aus eigener Produktion), das ist die neue High-Tech-Qualität, die das Medium Zeitung nie alt werden läßt. Daß es längst keine Setzer mehr gibt, ist eine der Kehrseiten der Medaille.

Und sicher würde der alte Herr Gutenberg seine Jünger heute auch kaum mehr erkennen, wenn sie am Steuerpult der großen Druckmaschinen stehen. Eher sind sie schon mit Flugkapitänen oder Formel-1-Piloten zu vergleichen, wenn sie ihre Maschinen starten. Vier der modernsten und größten Druckmaschinen des Landes laufen hier im NÖ Pressehaus – rund 17.000 Tonnen Papier werden pro Jahr bedruckt – und versandt. Bis zu 45.000 Zeitungsexemplare pro Stunde können auf der Rotationsmaschine für die NÖN vom Band laufen.

Weil aber Produktion selbst nur eine halbe Sache ist, hat man sich im NÖ Pressehaus insbesondere auch auf Drucken als umfassende Dienstleistung spezialisiert. Das reicht bis zum „Cross Media Management", bei dem alle Daten eines Projekts in der Datenbank verwaltet werden. So sind sie für Mehrfachnutzungen – etwa für einen Internet-Auftritt oder eine CD-ROM-Produktion – jederzeit kostengünstig abrufbar.

Auch in der Verteil-Logistik hat das Haus spezielles Know-how entwickelt; Kunststück, wenn es zum täglichen Brot gehört, 30 verschiedene Lokalzeitungen punktgenau an mehr als 620.000 Leser im ganzen Land und weit über die Grenzen hinaus zu liefern. Das Vertriebs-Programm, das für die NÖN ausgetüftelt wurde, nutzen mittlerweile auch andere Verlage für ihr Abonnement-Management, darunter „News" und „TV-Media" und 40 weitere Publikationen.

Siemens-Geräte sind aus der Stadt nicht wegzudenken.

SOLARFAHRZEUGE, INTERDISZIPLINÄRES UND DAS ENDE DER LEIBSCHÜSSEL. Mit Medien hängt auch ein High-Tech-Kleinbetrieb in St. Pölten zusammen, der nur Spezialisten bekannt ist. Michael Koller, Chef des Ingenieurbüros *ibk,* begann als technischer Zeichner beim ORF. Mit 21 Jahren machte er sich selbständig – das war 1983. Seither stehen eine Reihe von Entwicklungen und Innovationen auf der Referenzliste des Unternehmens. Jedem Autofahrer mit gutem Autoradio bekannt: Radio Data System (RDS). Auf dem kleinen LCD-Bildschirm des Autoradios kann man beispielsweise Wetterwerte ablesen – oder wenigstens den Sender, den man gerade hört. Den technischen Aufbau und die Inbetriebnahme von RDS haben Koller und seine Mannen abgewickelt.

Aber, so Koller: „Mit dem Know-how, das sich das gesamte Unternehmen angeeignet hat, werden heute die unterschiedlichsten Produkte und Services angeboten."

Zur Produktpalette gehört unter anderem ein Solarfahrzeug oder – eine besondere technische Leistung – ein Murenvorwarnsystem für die ÖBB. Die besondere Problemstellung dabei: Das System mußte, großteils in alpiner Umgebung, absolut zuverlässig sein und „selbst dann funktionieren, wenn andere elektronische Systeme längst versagen: im Freien, bei Unwettern und bei jeder Menge Wasser", erklärt Koller auf seiner Internet-Seite (www.ibk.at).

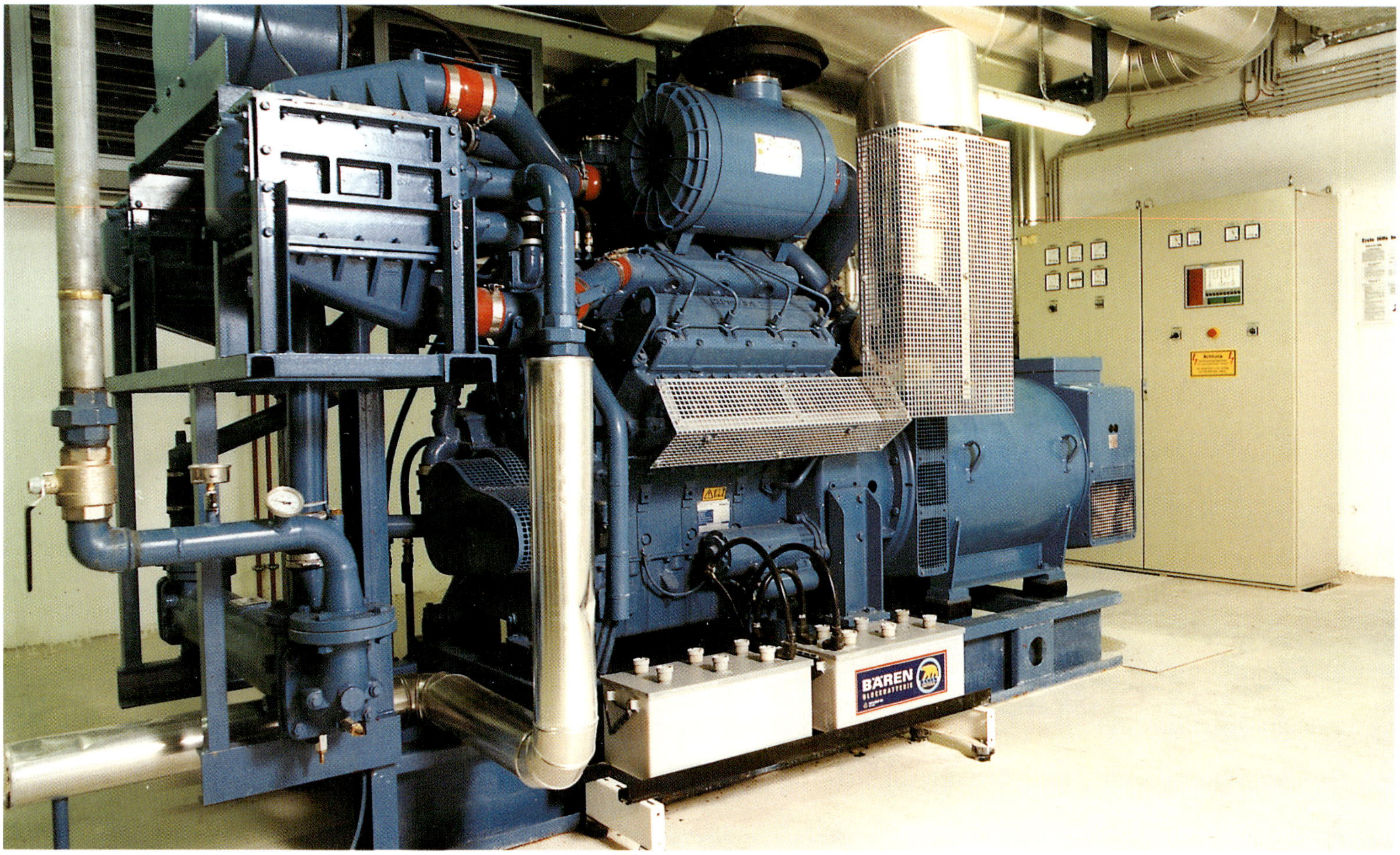

Eine große Vielfalt kennzeichnet die industrielle Landschaft St. Pöltens.

Die neu entwickelten Sensoren melden nur im Alarmfall bzw. zur Kontrolle. Das spart Energie, „auch Solarenergie ist verwendbar", erläutert Koller.
So wie Koller und sein Team bilden eine Reihe junger Techniker, EDV-Spezialisten, Elektroniker, Ökologen die zweite – vielfach wenig bekannte – Sturmreihe in Sachen „High-Tech" und Innovation aus der NÖ Landeshauptstadt. Bereits etabliert – und mehrfach preisgekrönt – die Planer/Berater von *KWI* rund um die Gründer Friedrich Kapusta und Josef Wildburger. Dort arbeiten rund 70 Architekten, Ingenieure und Betriebsberater gemeinsam an fachübergreifenden Problemlösungen in Umweltschutz-, Energie- und Sicherheitsfragen. Noch ganz am Anfang steht Werner Kraus, auf dessen Visitkarte schlicht *Medical Care Solutions* zu lesen ist. Geisteswissenschaftliches Studium, Arbeit in der Krankenpflege und „viel Unzufriedenheit mit manchen Dingen" – das ist die Vorgeschichte zu einem europaweiten Patent für einen Beutel (pouch), der bettlägrigen Patienten und Pflegepersonal das anstrengende und unangenehme Heben auf die Leibschüssel erspart. High-Tech? Die Verbindung des weichen, körperfreundlichen Vlieses mit dem Kunststoffbeutel war in Zusammenarbeit mit der TU und dem TGM, dem Technologischen Gewerbemuseum, in Wien ausgetüftelt worden. Weitere – kostensparende – Innovationen für den medizinischen Bereich sind angesagt – etwa wiederverwendbare Einschweißfolien, in denen sterile Produkte aufbewahrt werden.

GARNE UND SURFBOARDS. Das chemische Verfahren ist bei der *Glanzstoff* in St. Pölten schon seit 1916 ziemlich unverändert, dennoch hat das Traditionsunternehmen, das heute wieder gut im Markt-Rennen liegt, auch viel mit neuer Technik zu tun. Die Glanzstoff produziert beispielsweise ein besonders reißfestes Garn, das in den Hochgeschwindigkeitsreifen der großen PKW-Reifenhersteller steckt.

Bridgestone, Michelin, Goodyear, Continental und Pirelli – sie alle gehören zu den Glanzstoff-Kunden.
Innovatives hat man sich in der „Glanzstoff" vor allem hinsichtlich der Produktionsorganisation vorgenommen. „Wir arbeiten daran", sagt Glanzstoff-Manager Max Pasquali, „die erforderlichen Arbeitsgänge in eine kontinuierliche Spinntechnologie zusammenzufassen. Das bringt eine gleichmäßigere Garnqualität und auf der Kostenseite wesentliche Reduktionen." Die Lohnkosten sollen beim neuen Verfahren, das etwa ab 2000 breiter anlaufen wird, von einem 50-Prozent-Anteil auf 20 Prozent sinken.
Die bedeutsamste Innovation ist der „Glanzstoff" aber im Außenbereich gelungen. „Wir haben einen monopolistischen Markt, der von einem deutschen Konzern schon abgedeckt war, nochmals aufgebrochen" – eine für den Standort St. Pölten wichtige Entscheidung.
200 Jahre alt, aber immer für Innovationen gut ist man auch bei der *Salzer-Gruppe*. Die Papierfabrik hat sich mit hochqualitativen Buchpapieren eine führende Position im europäischen Markt erarbeitet. 90 Prozent Exportanteil sprechen eine deutliche Sprache. Die „Formtech" aus der Salzer-Familie erzeugt Produkte aus EPS – besser bekannt unter dem Markennamen „Styropor". Auch in St. Pölten ist wenig bekannt, was da alles produziert wird. Kerne für Surfboards sind die jüngste Entwicklung, Verpackungen für TV-Geräte, aber auch Isolierungen für Boiler und Wärmepumpen – bis hin zu Bauelementen für Bienenstöcke. Formtech macht beispielsweise auch – aus hartem EPS – das Dämm-„Futter" für Fahrradhelme oder Schwimmbadbausteine „für Schnellbau-Systeme", wie Formtech-Geschäftsführer Tom Salzer erklärt.

DIE HEINZELMÄNNCHEN DES LANDHAUSES. Fast in Rufweite von Salzer ist die Niederlassung von *Siemens* in NÖ angesiedelt. Daß aus dem weltbekannten Konzern viele High-Tech-Elemente kommen, überrascht nicht. Die vielen „Heinzelmännchen", die das NÖ Landhaus zu einem der technisch modernsten Verwaltungsgebäude machen, sind aber auf jeden Fall einen zweiten Blick wert. Energieversorgung und Gebäudeautomation kommen aus der Siemens-„Küche". Für den Betrieb von 70 Heizungsregelkreisen sowie 230 Lüftungs- und Klimaanlagen wurden 300 km Schwachstromkabel verlegt. Und ein Optimierungs-Programm senkt mit Hilfe von Licht- und Jalousiensteuerung die Betriebskosten. Von Siemens kommt unter anderem die Instandhaltungs- und Management-Software Sigma – sowie das umfassende Sicherheitsmanagement. 11.800 Brandmelder sind montiert worden, die Steuerung der Lüftungsanlagen, Brandschutzklappen, Aufzüge, Brandrauchentlüftungen und Brandabschnittstüren erfolgt über insgesamt 72.000 Verknüpfungen.
Das neue Festspielhaus, die Ausstellungshalle und die Bibliothek wären auch nur die halbe Freud' ohne die High-Tech-Elemente aus dem Bereich Audio, Video, Ton- und Studiotechnik von Siemens, doch am meisten profitieren wohl alle Landesbürger vom Kommunikationssystem „Hicom". Technik für „Bürgernähe" könnte man es beschreiben. Ein Niederösterreicher, der z. B. aus Groß Siegharts eine Landesdienststelle in St. Pölten anruft, der zahlt nur den Tarif bis zur nächstgelegenen Bezirkshauptstadt (Waidhofen/Thaya). Von dort geht sein Ruf kostenlos nach St. Pölten.
Und auf einen Aspekt ihrer Hochtechnologie sind die Siemens-Mannen besonders stolz: Selbst beim Wassereinbruch während des Jahrhundert-Hochwassers 1997 im Regierungsviertel funktionierte die Hicom-Anlage klaglos.

Robert Zauchinger

Bis in die Altstadt strahlt die hellerleuchtete Glasfassade des Festspielhauses, eine Visitkarte der modernen Metropole.

Sogenannte 08/15-Lösungen gibt es schon genug. Neue Wege sind gefragt. Und St. Pölten kann einiges herzeigen – etwa bei der Gewinnung und Nutzung von Energie. Dafür haben sich Salzer Papier, die EVN (Energieversorgung Niederösterreich) und die St. Pöltner Stadtwerke zu einer unkonventionellen Dreier-Kooperation entschlossen. Das Ergebnis: eine der modernsten Energiegewinnungsanlagen Europas, die beispielgebend werden könnte …

Am Anfang stand ein Mangel. Die alte Anlage bei Salzer, seit über 40 Jahren auf Druck im Dienst – Papiererzeugung erfordert hohen Energieeinsatz –, sollte durch eine neue Anlage ersetzt werden. Wenn schon Innovation, dann zukunftsorientiert, war die Überlegung. Die neue Cogeneration-Anlage spielt alle Effizienz-Stückln. Sie liefert Strom, sie liefert Wärme bzw. Dampf für die Papiererzeugung und sie liefert Fernwärme für die Stadt – ein Energie-Triathlon gewissermaßen.

Weil die EVN schon früher den Zusatz-Bedarf an elektrischer Energie für die Papierfabrik und die Styropor-Former von Salzer Formtech gedeckt hatte – und außerdem für Störfälle als Libero zur Verfügung stand, war sie auch jetzt wieder der ideale Partner. Und den Stadtwerken St. Pölten paßten die Pläne von Salzer und EVN insofern ins Konzept, als man eine Energiequelle parat hatte, mit der der erhöhte Bedarf an Fernwärme fürs Regierungsviertel und die neuen Wohnungen für zuziehende Landesbedienstete am östlichen Traisenufer besser abgedeckt werden konnte.

Gemeinsam entwickelte man ein Konzept zur Sicherstellung einer wirtschaftlich optimalen und ökologisch sinnvollen Lösung.

Für die EVN eine gute Gelegenheit, sich als Energiedienstleister zu präsentieren, der seinen Kunden neben dem herkömmlichen Verkauf von elektrischem Strom, von Gas oder Wärme noch viel mehr bietet. Nämlich die Planung, Errichtung und die Betriebsführung von Energie/Wärme-Anlagen.

Die Errichtung der Anlage dauerte nur 16 Monate. Die Aufteilung der Aufgaben wurde klar abgesteckt: Salzer macht Papier bzw. formt Styropor – und die EVN stellt die dafür erforderliche Energie in Form von Strom, Gas oder Wärme bereit. Gewartet und überwacht wird die Anlage übrigens von Salzer-Personal, das in Ausführung dieser Tätigkeit der EVN untersteht. Die EVN-Experten können sich bei Bedarf direkt in die Steuerung der Energieanlage in St. Pölten einklinken.

Und so funktioniert's: Das Triathlon-Kraftwerk besteht aus zwei Gasturbinen mit einer elektrischen Nennleistung von je 4,7 Megawatt, denen jeweils ein zusatzbefeuerter Abhitzekessel nachgeschaltet ist. Diese Zusatzfeuerung ist für eine Leistung von 5 Megawatt ausgelegt. Sie wurde aber so aufgebaut, daß im Störfall (etwa bei Ausfall einer Gasturbinenlinie) oder im Inselbetrieb eine Wärmeleistung bis zu 10 Megawatt erzeugt werden kann. Insgesamt beträgt die Wärmeleistung 29 Megawatt.

Die Anlage wird im Normalbetrieb „wärmegeführt gefahren". Aus der Sprache der Techniker übersetzt: Es wird zunächst Wärme erzeugt – und daraus in der Folge erst Strom. Mit hoher Effizienz. Der Wirkungsgrad der Anlage reicht an die 90-Prozent-Marke heran. Das bedeutet: optimale Nutzung des Brennstoffs und weniger Verbrauch.

Dabei erfolgt laufend eine automatische Anpassung an den elektrischen und thermischen Bedarf der Papierfabrik sowie der Fernwärmeauskopplung an die Stadtwerke. Die elektrische Energie wird ins Werksnetz von Salzer eingespeist, der Überschußstrom wird von der EVN in ihr Netz übernommen.

Zur Entlastung des Bedienungspersonals wurde die Anlage mit Steuerungen versehen, die einen Betrieb ohne ständige Beaufsichtigung über einen Zeitraum von 72 Stunden erlauben.

Robert Zauchinger

Hier ziehen alle an einem Strang: die Energiegewinnungsanlage von Salzer Papier, EVN und Stadtwerken ist europaweit beispielgebend.

Chattanooga

LÄSST GRÜSSEN

Das Veranstaltungszentrum VAZ ist ein Anziehungspunkt für Messe- und Veranstaltungsbesucher weit über den St. Pöltner Raum hinaus.

Foul. Freistoß.
Anlauf – und Schuß!
Leider, weit übers Tor.
Sogar über den erhöhten Schulzaun.
Über die heutige Franz-Jonas-Straße
drüber. In den Acker.

Dieses Bild aus meiner Schulzeit im Gymnasium in der Josefstraße – es muß in der ersten Hälfte der 60er Jahre angesiedelt werden – steht noch heute sehr deutlich vor meinem geistigen Auge. Der Ball war über den damaligen „Rand" der Stadt hinausgeflogen, in reiner „Gegend" gelandet – im „Jenseits". In einem Gebiet, das schon wenige Jahre später vom Literaten Jörg Mauthe mit Chattanooga verglichen wurde – oder vielmehr mit den Vororten von Chattanooga; die wiederum als Sinnbild für die amerikanische Provinz herhalten mußten.

Spar beliefert von St. Pölten aus Kaufleute und Filialen vom nördlichen Burgenland bis nach Oberösterreich mit Waren und Handels-Know-how.

Ein Vierteljahrhundert lang hat das Hochhaus des Wirtschaftsförderungsinstituts die Silhouette der Südstadt bestimmt.

ESSEN UND LERNEN. Aber in den frühen 60ern, da war noch nichts von einer Skyline zu sehen, die amerikanische Anmutungen hervorgerufen hätte. Nur Felder und – aus meiner jugendlichen Perspektive – weit draußen: der *Schwaighof*, ein von Jakob Prandtauer umgebauter Gutshof; soweit das Schul-Wissen. Näheres findet man gegenwärtig als Vorspann zu den Speisenkarten, die im heutigen Restaurant des Schwaighofes aufliegen.
Erst in den 70er Jahren des 20. Jahrhunderts drang die Stadt tatsächlich bis zum Schwaighof vor, das Gebäude wurde revitalisiert. Heute, genauer gesagt seit 1988, kann man im Schwaighof sein Wissen über moderne Management-Methoden vertiefen und außerdem gut essen. Der Schwaighof wurde in ein Seminar- und Tagungszentrum umgemodelt; für gehobene Ansprüche. Ein kleiner Unterschied muß schon sein zwischen den Chefs und dem wirtschaftlichen Fußvolk, das drüben im WIFI büffelt, um auch einmal in Chef-Positionen aufzusteigen. Das Wirtschaftsförderungsinstitut hat hier seine Top-Seminare einquartiert – auf historischem Boden und in kontemplativer Atmosphäre.
Draußen tummelt sich der Verkehr im Kreis rund um eine Stahl-Skulptur, die uns gleich mehrere Denkanstöße liefert. Etwa, daß wir es mit einer aufstrebenden Landeshauptstadt zu tun haben; mit einer milden Form der Stahlstadt. Immerhin gehören die Maschinenbaufirma Voith und die Werkstätte der ÖBB zu den großen Betrieben der Traisenmetropole. Und irgendwie erinnert die rostige Stahl-Zunge auch an Abbildungen vom Hl. Geist zu Pfingsten, als er über die Apostel herabschwebte und ihnen seine Kraft übermittelte – Transzendenz am Stadtrand …

KAUFEN UND WOHNEN. Der Anblick der großen *Einkaufszentren* nur wenige Meter weiter im Süden holt uns abrupt ins Diesseits zurück. Seit 1977 steht hier – durch Lichtreklame auch nachts weithin sichtbar – die Verwaltungszentrale der Möbelhäuser Leiner und Kika; sie ist auch Arbeitsplatz für rund 350 Mitarbeiter. Gleich gegenüber lockt ebenso heftig die Unterhaltungs-Elektronik. Man fühlt sich ein wenig als Konsum-Odysseus zwischen Scylla und Charybdis. Aber ganz so gefährlich ist's auch wieder nicht. Immerhin haben wir ja noch eine dritte Alternative: Einkaufen dort, wo uns „anonym" versichert wird, daß es verdammt hart ist … hier am Wochenende einen Parkplatz und ein freies Einkaufswagerl zu finden.
Gesäumt wird das alles von bunten Wohnblocks jüngeren und schon etwas älteren Datums – in allen Stilrichtungen erbaut. Erlaubt ist, was Wohnraum bietet.
Einen „roten Faden", Ahnungen von einem

Rasch dringt die Stadt in früher unbesiedelte Gebiete vor.

Konzept, kann man hier nicht wirklich finden. Höchstwahrscheinlich ist es das, was Herrn Mauthe dereinst zum Chattanooga-Vergleich hingerissen hat. *Hochhäuser* in verschiedensten Formen, Wohn-Blöcke und der WIFI-Turm – architektonische Zeugen des Wirtschaftswunders – strecken das Bild ins Hochformat. Man wollte hoch hinaus, Ende der 60er und in den 70er Jahren – in St. Pölten. Vom höchsten Wohn-Hochhaus der Stadt am Spratzerner Kirchenweg, mit 17 Stockwerken rund 55 Meter hoch, wird unter Bauleuten berichtet, sein Planer habe gar nicht damit gerechnet, daß ihm alle eingereichten Geschosse auch bewilligt werden. Darum habe er, nach dem Motto „Derf's a bisserl mehr sein", drei zusätzliche Geschosse (also 18) eingereicht. Der Höhen-Rekord wurde aber ohne Abstriche bewilligt. Wir wollten wenigstens im baulichen Bereich den Amerikanern näher rücken. Jener Nation, die gerade die ersten Menschen auf dem Mond abgesetzt hatte. Es sieht aus wie Zufall, ist aber geradezu klassischer Ausdruck des Zeitgeistes, daß ausgerechnet eine *Coca-Cola*-Abfüllanlage der erste Gewerbebau war, der als „Eisbrecher" in den Süden der Stadt vordrang. Ein Bäckermeister aus St. Georgen gilt als Vater dieser Anlage. Er hatte schon seit 1956 Coca-Cola verkauft. Dann entwickelte sich daraus ein Vertriebslager, schließlich eine Abfüllstation: 1959 war der Baubeginn, 1961, am 13. Februar, ging die Anlage in Betrieb.

Wohnraumbeschaffung wird an der Traisen ein hoher Stellenwert beigemessen.

RIECHEN UND HÖREN. Im „Chattanooga-Sektor" werden auch die Kreisläufe, die sich im Wirtschaftsleben so abspielen, besser sichtbar als anderswo: Die Abfüllanlage ist längst geschlossen – und zuletzt in den Aggregatzustand eines Baumarktes übergegangen. Coca-Cola hält südlich der Autobahn wieder ein kleines Auslieferungslager.

Doch ein Hauch von Pioniergeist und der Glaube, daß vieles machbar ist, der weht noch immer durch den Süden der Stadt. An diesem Standort sind die Glanzstoff-Duftmarken kaum oder gar nicht zu verspüren. Hier hört man dafür die Autobahn, den Highway Nr. 1, wenn wir in der Chattanooga-Diktion bleiben wollen.

Hier steht seit September 1972 das *WIFI*, das Wirtschaftsförderungsinstitut, eine moderne Einrichtung der Erwachsenenbildung, als Kontrapunkt zum „klassischen" Gymnasium. Aus rund 6.000 Kursteilnehmern in der Startphase sind mittlerweile weit über 30.000 Kurs- und Seminarteilnehmer pro Jahr geworden. Tendenz steigend. Hier ist der Ort für die Qualifizierungsoffensive, von der so oft die Rede ist. St. Pöltens erster „Knoten" zum Internet wurde auch im WIFI geknüpft.

Gleich schräg dahinter, gegenüber vom Schwaighof, duckt sich, wie zum Sprung, St. Pöltens erstes *Gründerzentrum*, in dem seit 1988 rund 30 Betriebe ihre ersten Schritte in den großen, jetzt europäischen

Volks-Haubenköche könnte man die Leute von der Firma Gourmet nennen, die Fertigmenüs für das ganze Land erzeugen.

Markt getan haben. „Niederösterreichs Landeshauptstadt ist eine Stunde näher an der Europäischen Union als Wien", hat einmal ein Slogan geheißen. Das gilt umso mehr für den Süden der weit ausgedehnten Stadt, wo man die A1 schon in Reichweite hat.

Ach ja – die *Westautobahn*. Seinerzeit als zweispurige Verkehrserrungenschaft gefeiert, ist sie mittlerweile vielen Benutzern als Engpaß bekannt, die Verbreiterung wurde in Angriff genommen. Wie hat sich doch alles verändert hier, seit ich meinen Freistoß zwar nicht ins Tor, dafür in die Zukunft der Stadtentwicklung abgefeuert habe.

BETEN UND HANDELN. Den höchsten Wohnturm St. Pöltens haben wir ja schon besucht. Er überblickt nicht nur zahllose Einfamilienhäuser, Bungalows und Gärten ringsum, sondern auch das längste Hochhaus der Stadt in der Josefstraße 100 – 14 Stockwerke hoch, aber gut 100 Meter lang. Und gleich neben diesem Bau ist St. Pöltens niedrigste Kirche beheimatet. Die *Pfarre Johannes Kapistran* gibt es seit 1971. Rund 6.000 Pfarrkinder gehören zum Einzugsbereich der Pfarre, der im Süden bis zur Autobahn reicht.

Doch „unser Süden" ist eigentlich grenzenlos geworden. Während optisch nach wie vor die Autobahn den Horizont absteckt, dient sie in der Realität bestenfalls als Orientierungs-Hilfslinie. Die Stadt dehnt sich weiter aus – die Mariazeller Straße und die Porschestraße entlang, einem Universum vergleichbar, das ständig auseinanderfliegt. St. Georgen, wir kommen! Es wird wohl nicht mehr lange dauern, bis auch dieser Schulterschluß erfolgt, bis St. Pöltens südlichste Katastralgemeinde von den Chattanooga-Tentakeln ergriffen wird.

Etliche „Fixsterne" gibt es in diesem Universum schon lange, vor allem wirtschaftlicher Natur. Große Handelsketten haben die Zentralen oder Auslieferungslager für Ostösterreich etabliert: *Adeg* und *Spar* beliefern von hier aus ihre Kaufleute und Filialen zwischen dem nördlichen Burgenland und bis hinein nach Oberösterreich – nicht nur mit Waren übrigens, sondern auch mit aktuellem Handels-Know-how. Allein diese beiden Handelszentralen – Adeg ist seit 1966 hier vertreten, Spar seit 1979 – beschäftigen an den beiden Standorten gemeinsam an die 1.000 Mitarbeiter. Die Konzentrationsentwicklungen im Handel haben die Größenordnungen der „Drehscheiben" stark wachsen lassen. Spar beispielsweise,

zuletzt 1996 erweitert, hat jetzt Platz für 27.500 Palettenstellplätze geschaffen.
Nicht weit davon, im *Leiner Zentrallager*, sorgen rund 170 Mitarbeiter für Nachschub, wenn's ums Thema Wohnen geht.
Und in unmittelbarer Nachbarschaft kocht *Gourmet* seine Fertigmenüs fürs ganze Land, für Betriebe, Schulen etc.
Zurück zur schon erwähnten Porschestraße, die (seit 1969) den Aufschwung des Südens mitträgt. Man muß nicht lange rätseln, wer an ihr wohnt.
Etliche *Autohäuser* haben sie als Standort gewählt, rund ein Dutzend Automarken sind allein an dieser Straße vertreten, Japaner und Schweden, deutsche Marken und Italiener, fast alles, was in der Autowelt Rang und Namen hat.
Der Pionierbetrieb an der Porschestraße hat mittlerweile das Feld geräumt …
Und so wie die Auto-Freaks können auch die Häuslbauer und Bastler nicht am Chattanooga-Viertel vorbei. *Bau- und Bastlermärkte* drängen sich hier genauso wie *Sanitär- oder Elektriker-Betriebe*, es gibt fast nichts, was man hier nicht kaufen kann …

WACHSEN UND PLANEN. Der geringschätzig gemeinte Vergleich des Literaten Mauthe mit „blindwütigem" US-Wachstum hat heute durchaus einen positiven Beigeschmack bekommen. Denn es wächst heute ohnehin nichts mehr so blindwütig. Auch in St. Pölten schätzt man sich mittlerweile glücklich, daß da überhaupt ein Stadtteil ist, der wirtschaftlich wächst.
Symbol dafür ist unter anderem auch *das Veranstaltungs- und Messezentrum VAZ*, das mit mehr als einem Dutzend Messe-Veranstaltungen und vielen anderen „events" für Belebung sorgt. Und gleich dahinter, vom Zentrum der Stadt aus gesehen, da wird bald die neue Güterzugumfahrung diesem Stadtteil – gemeinsam mit der Westautobahn – ihren verkehrstechnischen Stempel aufdrücken.
Sie paßt ja auch genau in unser Bild. Denn was wäre Chattanooga ohne einen richtigen großen „Tschu-tschu"?

Robert Zauchinger

Aushängeschild von „Chattanooga": das VAZ.

SPECIAL **OASEN DER STILLE**

Im Süden St. Pöltens, der alle Wellen der Stadterweiterung des 20. Jahrhunderts bis in die jüngste Zeit widerspiegelt, liegen mit dem barocken Schwaighof und der „Voith-Villa“ aus dem zweiten Jahrzehnt unseres Jahrhunderts zwei herausragende Bauwerke, die mit ihrer unmittelbaren Umgebung wie Oasen wirken, die aus einer fernen Zeit auf uns gekommen sind.

Der 1324 erstmals urkundlich erwähnte *Schwaighof* wurde nach vollständiger Zerstörung durch die Türken 1692 vom Propst des Augustiner Chorherrenstiftes Christoph Müller von Prankenheim erworben. Für den Wiederaufbau des – damals weit vor den Toren der Stadt liegenden – Schwaighofs kommen zwei Baumeister in Frage, deren gleichzeitige Anwesenheit im Jahr 1692 belegt ist. Der in Wien tätige Tiroler Christian Alexander Oedtl war in diesem Jahr ebenso in St. Pölten aktiv wie sein Freund, der heute ungleich bekanntere Jakob Prandtauer, der ein Haus im Klosterviertel erwarb und damit unmittelbar dem Propst unterstand. Es wäre also durchaus möglich, daß die zweiflügelige – einen Wohn- und einen Wirtschaftstrakt umfassende – Anlage, die ost- und westseitig von Portalmauern eingefaßt wird, eines der frühesten Werke Prandtauers auf St. Pöltner Boden darstellt. Stuckdekorationen und Freskenreste im ehemaligen Wohntrakt verweisen auf die Zeit um 1700, als der Propst den Schwaighof auch als Sommerresidenz nutzte. Auf seine Funktion als Gutshof deuten groteske

Der Schwaighof mit seinen Figuren aus dem bäuerlichen Leben fungiert nunmehr als Fortbildungsstätte für Führungskräfte und symbolisiert damit augenfällig den gesellschaftlichen Wandel.

Figuren aus dem bäuerlichen Leben, die heute in Abgüssen – die Originale befinden sich im Stadtmuseum – auf den Portalmauern des Schwaighofs zu finden sind.
Lag der Schwaighof in den sechziger Jahren noch in einer idyllischen Ackerlandschaft, so ist er heute Teil der Stadt – der Vorort Spratzern verschmilzt hier mit St. Pölten. Mehrfach war der Bestand in den letzten Jahrzehnten gefährdet, man empfand den Schwaighof gar als „Fremdkörper im aufstrebenden Süden der Stadt", und geschäftliche Nutzungen des Areals – als Gartencenter, als Hotel und als Restaurant – erwiesen sich als wenig erfolgreich. Rasche Besitzerwechsel waren die Folge, bis der Komplex 1986 von der Handelskammer übernommen wurde und – verbunden mit einer sanften Revitalisierung – in ein Seminarzentrum umgewandelt wurde.

Abgüsse der grotesken Figuren vom Schwaighof beleben heute auch den Park der ehemaligen *Villa des Fabrikanten Walther Voith* in der Maria-Theresia-Straße 23, auch bekannt als „Kulturheim Süd". Voith hatte mit seiner Fabriksgründung maßgeblich zum industriellen Aufschwung der Stadt beigetragen. Seine Villa wurde nach Plänen des St. Pöltner Wagner-Schülers Rudolf Frass 1917 vollendet und lag damals ebenfalls am Rande der Stadt, da man von einer geschlossenen Verbauung des Gebietes noch weit entfernt war. So verwundert es auch nicht, daß die Villa noch 1928 in der Zeitschrift „Moderne Welt" als Landhaus bezeichnet wurde. Der Villa mit säulengezierter Gartenfront war neben dem Park auch ein Pförtnerhaus angeschlossen – herrschaftliches Gepräge, das sich im Inneren fortsetzte. Die mit edlen Hölzern vertäfelte Halle ist noch erhalten, ein freskiertes Marmor-Badezimmer und ein lebensgroßer goldener Buddha hingegen sind verschwunden. Nach 1945 wurde die Villa zum Kinderheim des unter USIA-Verwaltung stehenden Voith-Werkes – „ein bleibendes Denkmal der großen Kinderliebe des Sowjetvolkes", wie es 1949 ein kommunistischer Nationalrat formulierte. Doch auch diese Episode ging vorüber. 1960 erwarb die Stadt das Anwesen, in dem sie gegenwärtig die städtische Musikschule, eine Außenstelle der Stadtbücherei und – als letzte Reverenz an die Geschichte des Hauses – einen kleinen Kinderhort beherbergt.

Thomas Pulle

Die 1917 vollendete Villa des Fabrikanten Walther Voith dient heute als Kulturheim Süd. Im prachtvollen Park stehen Abgüsse der grotesken Barockfiguren vom Schwaighof.

Auch hier:

GELD REGIERT DIE WELT

Das Allianzgebäude am Europaplatz beherbergt eine der immer zahlreicher werdenden Landesdirektionen, die sich in der jungen Landeshauptstadt niederlassen.

Wer in St. Pölten heute sein Geld anlegen oder einen Kredit nehmen will, der hat die Qual der Wahl. Mehr als ein Dutzend Banken und Sparkassen stehen „Geld bei Fuß“, über 40 Bankstellen allein im Stadtgebiet bemühen sich um die Kunden. Und „Schützenhilfe“ in Geldangelegenheiten kommt mittlerweile auch von einer ständig wachsenden Zahl an Bankomaten, Quick-Kassen und ähnlichen Einrichtungen, mit deren Hilfe man in den verschiedensten Varianten Geld ausgeben kann.
Auch für St. Pölten trifft zu, was für Österreich um die Jahrtausendwende insgesamt zu gelten scheint: Es ist, wie es so schön neudeutsch heißt, „overbanked“. Die Entwicklung zur Landeshauptstadt hat diesbezüglich für weitere Schubkraft gesorgt. Kein Unternehmen aus der Geld-, Kredit- und Versicherungswirtschaft (im weitesten Sinn) kann und will es sich leisten, in der niederösterreichischen Hauptstadt nicht prominent vertreten zu sein.

In rasantem Tempo entwickelt sich St. Pölten zum Finanzzentrum des Landes.

Innen und außen geräumig: Die Sparkasse Region St. Pölten expandiert auch außerhalb der Stadt.

Die Wiener Städtische Versicherung residiert am Domplatz.

VON DER WAISENLADE ZUR SPARKASSE. Das war nicht immer so. „Wenn ein St. Pöltner Bürger etwa zur Zeit der Kaiserin Maria Theresia in Not Geld borgen mußte", schrieb der Historiker Prof. Karl Gutkas in einem Beitrag zum 125. Gründungs-Jubiläum der Sparkasse St. Pölten, dann habe es dafür nur wenige Möglichkeiten gegeben. Reichere Mitbürger liehen gegen „Interesse" (so hießen die Zinsen damals) Geld aus, wollten es aber meistens schon nach kurzer Zeit wieder zurück haben. Und auch manche Organisationen in der Stadt – etwa die „Waisenlade" – streckten Hypothekardarlehen vor. „Gänzlich fehlte aber den kleinen Leuten die Möglichkeit, das ersparte Geld sicher zurücklegen zu können, um bei Krankheitsfällen oder anderen Notzeiten einen Spargroschen zu besitzen", berichtet der Landeshistoriker.

Die Idee, Sparkassen zu gründen, war um die Wendezeit vom 18. zum 19. Jahrhundert in Norddeutschland und England entstanden. 1819 wurde die *Erste österreichische Sparkasse* in Wien gegründet – seit 1979 ist sie auch in St. Pölten vertreten. Zuerst mit der Tochter Rössler-Bank, dann ab Juli 1980 als „Erste".

1824 folgte eine Sparkassen-Gründung in Hollabrunn, 1842 eine in Waidhofen/Thaya. Erst zwölf Jahre später, am 8. März 1854, nahm die *Sparkasse St. Pölten* ihren Betrieb auf. Gründervater war übrigens ein Jurist, Kreisgerichtspräsident Johann Ranzoni. Ihm ist heute eine Gasse in der Innenstadt gewidmet.

Auch zu dieser Zeit stand St. Pölten vor vielerlei Neuerungen. Die Westbahn wurde errichtet, Fabriken wurden gegründet oder erweitert. Doch der Geldsektor in der Stadt erlebte zunächst nur eine kurze Blütezeit. Zwei Kriege 1859 und 1866 brachten die Wirtschaft des Landes an den Rand des Ruins.

Knapp 20 Jahre später sah die Welt schon wieder anders aus. Die Sparkasse St. Pölten wechselte 1885 ins Gebäude zwischen Domplatz und Herrengasse, wo heute die Wiener Städtische residiert. Und schon vor 100 Jahren pflegte man hier auch den Umwelt-Gedanken, verbunden mit der Reverenz an den Kaiser. Bis 1898, zum 50jährigen Regierungsjubiläum Kaiser Franz Josefs, konnte mit großzügiger Unterstützung der Sparkasse am westlichen Stadtrand ein Windschutzgürtel und Naherholungsraum errichtet werden. Der 22 Hektar große Kaiserwald (heute Stadtwald) wurde mit rund 240.000 Bäumen bepflanzt.

ERSTE KONKURRENZ. Mehr als 100 Jahre lang hatte die Sparkasse als ältestes Kreditinstitut der Stadt nicht viel Konkurrenz gekannt. „In St. Pölten bestanden neben der

Die Sparkasse ist das älteste Bankinstitut der Stadt.

Sparkasse nur die Filialen der Creditanstalt-Bankverein und der Länderbank sowie die selbständige landwirtschaftliche Vorschuß-kasse, die heutige Raiffeisenbank", berichtet der frühere Sparkassenleiter Ernst Wurm. Erst in den 1960er Jahren bauten die beiden in der Stadt vertretenen Banken CA und Länderbank ihre Filialen aus, mit dem Ende dieses Jahrzehnts drängten mehr und mehr Geldinstitute in die heutige Landeshauptstadt.

1953 war es zur Gründung der *Volksbank* gekommen, 1969 eröffnete die *BAWAG*, 1972 das *Österreichische Creditinstitut*, 1973 die *Landeshypothekenanstalt (NÖ Hypo-Bank)*, die mittlerweile den Beschluß gefaßt hat, mit ihrer Generaldirektion gänzlich von Wien nach St. Pölten zu übersiedeln. Nach der Jahrtausendwende wird die Hypo-Zentrale – gegenüber dem Eingang zum Landhausviertel an der Traisenbrücke – auch ein Dach für die Tochter-Gesellschaften bieten.

Zweitältestes Geldinstitut in der Stadt ist die heutige *Raiffeisenbank*. Sie geht auf den im Jänner 1868 konstituierten „Landwirtschaftlichen Vorschußverein" zurück. 1875 waren die Vereinsstatuten durch eine genossenschaftliche Satzung ersetzt worden, einige Jahrzehnte später schloß man sich dann der Familie der Raiffeisengenossenschaften an. Genau 100 Jahre nach der Gründung wird der Firmenwortlaut in Raiffeisenbank St. Pölten geändert. In den 70er

Im Gebäude der Bundesländer-Versicherung amtierte vor der Errichtung des Regierungsbezirks die Vorhut der blau-gelben Landesbeamten in St. Pölten.

Die Austria Collegialität (hier das Gebäude am Schießstattring) hat sich mit der Bundesländer- und der Raiffeisen Versicherung zum BARC-Konzern zusammengeschlossen.

Jahren läutet Raiffeisen in St. Pölten den technischen Fortschritt im Bankwesen ein. Im Eingangsbereich des Raiffeisenhauses in der Franziskanergasse wird der erste Bankomat in der Stadt installiert – es ist damals erst der zweite im ganzen Bundesland. Manchen Geldinstituten war in der Stadt nur ein kurzes Leben beschieden. Im März 1873 gründete eine Gruppe von St. Pöltner Bürgern die „Kreditbank in St. Pölten" mit dem Sitz in der Herrengasse 1. Doch schon wenige Monate später mußten wegen der Wirtschaftskrise die Schalter dieser ersten Bank wieder geschlossen werden, nur eine Wechselstube bestand zunächst noch weiter.

EXPOSITUREN AUS WIEN. Zu Beginn des Jahrhunderts, 1901, hat der Wiener Bankverein eine Expositur in St. Pölten errichtet, für die 1912 das Haus in der Kremser Gasse (39) neu erbaut wurde. Nach der Fusionierung mit der Österreichischen Creditanstalt für Handel und Gewerbe wurden 1934 auch die beiden St. Pöltner Filialen dieser Institute vereint – zur *Creditanstalt-Bankverein*. (1911 hatte die „Anglo-österreichische Bank" eine Filiale in St. Pölten, Kremser Gasse 31, errichtet. Diese Bank ging schließlich im Jahr 1928 in die „Österreichische Creditanstalt für Handel und Gewerbe" über.)

Seit 1. Jänner 1998 firmiert das Unternehmen als Creditanstalt AG. Im CA-Stammhaus in der Kremser Gasse befindet sich heute einerseits die Landesdirektion NÖ-Nord (seit 1988), andererseits die Filiale Kremser Gasse. Eine zweite Filiale der CA bietet schon seit 1971 in der Josefstraße 94 die umfassende Dienstleistungspalette der Bank an. Die CA stellt einen bedeutenden Wirtschaftsfaktor für die Stadt dar. Ende 1997 wies die Landesdirektion mit 160 Mitarbeitern in 11 Filialen eine Bilanzsumme von über 9 Milliarden Schilling aus.

Die „K. k. Länderbank" (Vorläuferin der heutigen *Bank Austria*) versuchte erst einige Jahre später, sich in der Stadt niederzulassen. Im Jänner 1918 (so ist einer Festschrift zum 50-Jahr-Jubiläum der Länderbank in St. Pölten zu entnehmen) erwarb sie vom Kürschner Wenzel Brunner das Haus Wiener Straße 17 und richtete dort eine Filiale ein, die noch im Sommer des Jahres 1918 eröffnet wurde. Doch in den nächsten Jahren war die Wirtschaftslage sehr schlecht. Deshalb wurde 1935 die St. Pöltner Filiale der Zentral-Europäischen Länderbank, wie sie damals hieß, geschlossen.

Wenige Jahre später, im Sommer 1939, kehrte die Bank nach St. Pölten zurück. Man einigte sich mit den Stadtvätern, Räumlichkeiten im Haus Heßstraße 2 (am Rathausplatz) zu mieten. Im Jänner 1940 wurde die Länderbank-Filiale eröffnet. Ihr aktuelles Gesicht (und auch das dazugehörige Innenleben) erhielt die nunmehrige Bank-Austria-Filiale zuletzt im Mai 1998. Heute ist St. Pölten Sitz der Landesdirektion Niederösterreich-West der Bank Austria. Von hier aus (Julius-Raab-Promenade 27) werden die Geschicke von 15 Bank-Austria-Bankstellen im westlichen Niederösterreich gelenkt. Allein diese Bank wickelt in Niederösterreich ein Geschäftsvolumen (1997: über 55 Milliarden Schillimg) ab, das in der Größenordnung das gesamte Budget des Landes Niederösterreich um einiges übersteigt.

EXPANSION IN DER REGION. Auch die *Sparkasse Region St. Pölten*, wie sie heute heißt, hat es zu beachtlicher Größe gebracht. Die Grenzen des lokalen Einzugsbereichs wurden längst überschritten. 1991 mit dem Kauf der Sparkasse Ybbs, 1992 wurde die Expansion mit der Übernahme der Sparkasse Lilienfeld fortgesetzt. Vorläufig letzte Etappe war 1997 mit dem Kauf der Sparkasse Waidhofen/Ybbs. Die Sparkasse Region St. Pölten ist mittlerweile die größte Sparkasse Niederösterreichs geworden. Im Jahr 1997 wurde mit 330 Mitarbeiterinnen und Mitarbeitern in 36 Geschäftsstellen eine Bilanzsumme von über 15 Milliarden Schilling erwirtschaftet. Das Institut verwaltet beispielsweise mehr als 138.000 Sparkonten.
Mit der Entwicklung der Stadt zur Landeshauptstadt wurden auch zunehmend zentrale Aufgabenbereiche der Banken hierher verlagert. Die *Oesterreichische Nationalbank* (OENB) ist seit Jahresmitte 1996 mit einer kleinen Zweiganstalt in der niederösterreichischen Landeshauptstadt vertreten. Zum Aufgabengebiet gehört vor allem Informationsarbeit. Geldausgabe – etwa des Euro – an die Banken findet hier nicht statt.

VERSICHERUNG MIT DEM EURO. Für die Versicherungen im Land bringt der Euro auf jeden Fall eines: mehr Konkurrenz. Umso mehr erinnern sie sich ihrer lokalen Kompetenzen und Spielbeine. Der *BARC-Konzern* ist mit seiner Hauptwurzel, der *Bundesländer-Versicherung*, schon seit der ersten Phase der Hauptstadt-Werdung in St. Pölten vertreten. Das „Bundesländer-Haus" gilt als eine der „ersten" Landes-Adressen. Hier waren die NÖ Kinder- und Jugendanwaltschaft, der NÖ Patientenanwalt oder die NÖ Umweltanwaltschaft schon vor Ort, lange bevor das Regierungsviertel fertig war. Sie sind jetzt übrigens im „Tor zum Landhaus" untergebracht. Die ersten „echten" blau-gelben Landesbeamten – aus der EDV-Truppe – „residierten" ebenfalls unter dem Dach der „Bundesländer", die sich mittlerweile mit der *Austria Collegialität* und der *Raiffeisen Versicherung* zum BARC-Konzern zusammengeschlossen hat. Einen Landesdirektor hat auch die *EA-Generali* in St. Pölten, im Gebäude an der Dr.-Karl-Renner-Promenade; insgesamt sind übrigens acht Versicherungen mit echten oder Teil-Landesdirektionen (für das westliche und nördliche NÖ) in der Stadt vertreten.
39 Eintragungen findet man unterm Stichwort „Versicherung" im Telefonbuch für die Stadt: Von der *Allianz* – mit ihrer Landesdirektion auf dem Europaplatz – über die schon erwähnte Austria Collegialität und die *Basler Versicherungs-AG* bis hin zur *Wiener Städtischen* (am Domplatz), der *Winterthur*, der *Wüstenrot* (Bausparkasse und Versicherung) und schließlich der *Zürich Kosmos*.

Die Versicherungsanstalten der Bundesländer, der Beamten und der Eisenbahnen sind ebenso in der Stadt vertreten wie die Außenstellen der Pensionsversicherung der Angestellten bzw. der Arbeiter. Kein Wunder, daß sich eine wachsende Zahl von Versicherungsmaklern und Versicherungsbüros rund um diesen „Pool" gruppiert, ebenso wie die Gruppe von Finanz-, Wirtschafts- und Steuerberatern sowie Treuhandgesellschaften.
St. Pölten ist zu einem echten Finanzplatz geworden, der zwar noch lange nicht die Bedeutung von London oder Frankfurt erreicht, aber immerhin …

Robert Zauchinger

An der Dr.-Karl-Renner-Promenade befindet sich die Landesdirektion der EA Generali Versicherung.

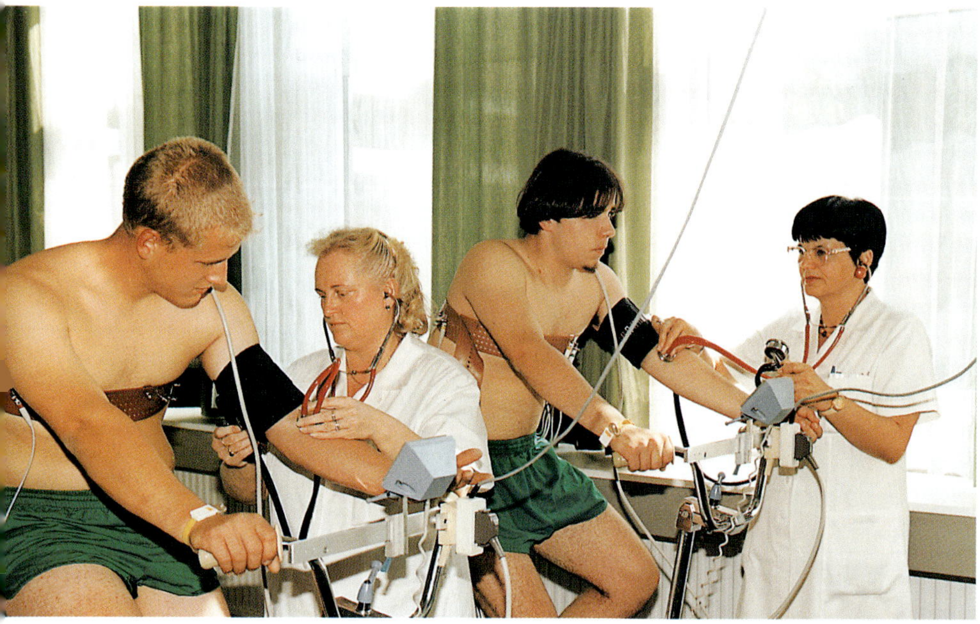

Wenn sich der wohl berühmteste Schüler der Militär-Unterrealschule in St. Pölten, Rainer Maria Rilke, in den Briefen an seine Freundin Vally abfällig über die „verhaßte Militärschule" äußerte, dann war es die realitätsferne Meinung eines verzärtelten und körperlich unterentwickelten Muttersöhnchens. Rilke übersah, daß er gerade hier die Grundkenntnisse für sein späteres dichterisches Schaffen vermittelt bekam.
Ab 1875 war diese Schule die erste Stufe für die Heranbildung der militärischen Kader in der Donaumonarchie.
Wesentlich weiter zurückreichend ist die Funktion der Stadt als Garnisonsort. Nach den ersten provisorischen Einquartierungen wurde 1786 dem Regiment Pellegrini (das spätere Infanterieregiment Nr. 49) das ehemalige Karmeliterinnenkloster als Kaserne zugewiesen. Neben anderen zeitweilig in St. Pölten stationierten Infanterieregimentern hatte das Feldjägerbataillon Nr. 10 (Kopaljäger) seine Depot-Organisation in der Stadt. Mit dem staatsrechtlichen Umbau zur Doppelmonarchie nach 1867 kam hier das k. k. Landwehr-Infanterieregiment St. Pölten Nr. 21 zur Aufstellung.

Oben: Die Musterungsstraße der Stellungskommission in St. Pölten ist die modernste in Österreich.
Rechts: Die Wartung von Panzern gehört zum militärischen Alltag.

DIE STADT DER KASERNEN. Stadt und Kasernenbauverein errichteten ab 1890 vier Kasernen. Dazu kamen die Schulkaserne, die Militärschwimmschule und ein Truppenspital. Für den St. Pöltner Dichter Franz Keim war schließlich der Kasernenbau hierorts Grund genug, in einer Satire die Kasernen in der Stadt als das einzig Sehenswerte anzusehen.
Nach Auflösung der Monarchie 1918 verschwanden die Symbole mit dem Doppeladler, das junge Österreich setzte vorerst auf Egalitäres wie die Volkswehr. Ab 1920 etablierte sich dann das neue Bundesheer in den bestehenden Einrichtungen mit dem Kommando der 3. NÖ Brigade in der Stadt. 1936 wurde es mit der Bundesheerreform zum 3. Divisionskommando aufgewertet und sein Kommandant gleichzeitig mit der Funktion des Militärkommandanten von Niederösterreich betraut. Erwähnung verdient der spätere Generalstabschef General Jansa, der zwei Jahre als Divisionskommandant in St. Pölten Dienst versah. Von der Deutschen Wehrmacht wurde St. Pölten als Sitz der 4. Leichten Division (später 9. Panzerdivision) bestimmt. Wegen Platzmangel in den bestehenden Einrichtungen baute man ein Barackenlager in Spratzern. Der Krieg, mit dem Deutschland Europa überzogen hatte, kehrte sich ab 1944 durch die alliierten Bombenangriffe vorerst gegen die heimische Bevölkerung. Zahlreiche Gebäude, darunter auch die Schulkaserne, versanken im Bombenhagel und in den Kämpfen 1945 in Schutt und Asche. Nach der Befreiung vom nationalsozialistischen Joch 1945 etablierte sich in St. Pöltens Kasernen bis zum Staatsvertrag 1955 die sowjetische Besatzungsmacht als neuer Herr. Erst nach einer umfassenden Instandsetzung konnte das 1956 neuaufgestellte Bundesheer die Kasernen in Besitz nehmen. Daher wurden die Jungmänner des Infanteriebataillons, das für St. Pölten bestimmt war, vorerst nach Klagenfurt einberufen. Nach der 1957/58 erfolgten Verlegung hierher und der Umstrukturierung wurde 1960 das Infanteriebataillon Nr. 10 auf Panzerbataillon 10 umbenannt. Dieses fand in dem Spratzerner Lager, jetzt Kopalkaserne, seine neue Heimat. In den anderen Kasernen fanden das Ergänzungskommando, ab 1968 das Militärkommando NÖ und die neue Stellungskommission Unterkunft. War das Verhältnis zwischen Bevölkerung und Heer in der Vergangenheit nicht immer friktionsfrei, erfreut sich das Bundesheer heute vor allem wegen seiner großen Einsatzbereitschaft höchster Wertschätzung.

Franz Forstner

Oben: Ein Denkmal dokumentiert die Partnerschaft von Wirtschaft und Bundesheer.
Links: Auch militärisch hat die Stadt an der Traisen seit den Tagen der Monarchie beständig an Bedeutung gewonnen.

Leichtigkeit des Seins

LEBENSQUALITÄT FÜR 50.000 UND MEHR

Laut Anton Kuh zerfällt Österreich in eineinhalb Millionen Wiener und fünf Millionen St. Pöltner. Wie wunderbar muß die Lebensqualität in dieser Stadt sein, wenn auf einer Fläche, die kaum größer als Linz ist, fünf Millionen glückliche Menschen leben können? Peter Marcuse redet der bescheidenen Stadt das Wort, die auf die Konkurrenzierung anderer Städte verzichtet und damit Lebensqualität ermöglicht. Wie sehr St. Pölten dem Postulat der bescheidenen Stadt entspricht, illustriert alleine der Umstand, daß es sich als Hauptstadt vorläufig mit nur 50.000 Einwohnern zufrieden gibt.

Christoph Mandl überkommt beim Gedanken an St. Pölten der Filmtitel von der „Leichtigkeit des Seins". „Die Luft mild, die Sitten nicht ländlich derb, aber auch nicht großstädtisch rauh."

St. Pölten ist eine Stadt mit Urbanität, ohne in dieser Urbanität verschüttet zu werden. Soziale Einrichtungen sind in höchstem Maße vorhanden, der Dienstleistungssektor dominiert, und die Zahl der Einpendler ist dreimal so hoch wie die der Auspendler. Einer Studie des Instituts für strategische Markt- und Meinungsforschung zufolge sind 91 Prozent der Befragten mit ihrer Wohnsituation in St. Pölten zufrieden. Gleichsam eine neue Gartenstadt, die auf ökologische Aspekte des Wohnens Rücksicht nimmt, ist etwa am Kremser Berg geplant. Dazu kommen eine 90prozentige Versorgung mit Kindergartenplätzen, moderne Sportanlagen, das repräsentative Bildungsnetz, von der Volksschule bis zur Landesakademie und Medien-Fachhochschule, ohne den Anspruch auf universitäre Einrichtungen aus den Augen zu verlieren.

St. Pölten verfügt über ein gutes öffentliches Verkehrsnetz mit einem City Bus im 15-Minuten-Takt, hat aber auch für Autofahrer alleine im Zentrum 5.000 Parkplätze bereit. In der fahrradfreundlichen Hauptstadt ist der Anteil an Radfahrern mit 18 Prozent relativ hoch. In St. Pölten dürfte jedenfalls Leonardo Benevolos Vision verwirklicht sein, daß es auch heute noch durchaus möglich ist, eine harmonische Stadtlandschaft zu schaffen und der Gesellschaft einen äußerlich sichtbaren Rahmen von Lebensqualität zu geben.

Siegfried Nasko

Bildungsnetz

DIE STADT DER SCHULEN

Für die Schüler und Schülerinnen des Bundesschulzentrums wurde eine eigene Fußgängerbrücke errichtet.

Die Glasschwingtüren öffnen sich wie Schleusen. Einem rauschenden Strom gleich fluten lachende und diskutierende Teenager auf den St. Pöltner Bahnhofplatz. Morgenstimmung in einer Schulstadt. Sternförmig verteilt sich der Menschenfluß, ein großer Seitenarm strömt in das nahegelegene Bundesschulzentrum, wo sich HAK und HTL in langgestrecktem Braun ausbreiten.

In der *Bundeshandelsakademie und Bundeshandelsschule* werden über 900 SchülerInnen auf ein künftiges Leben in der Wirtschaft vorbereitet, mehr als doppelt so viele Mädchen wie Burschen. Brandneu ist hier ab dem Schuljahr 1998/99 die „Europa-Klasse". „Transkulturelles Lernen" lautet das Schlagwort, das mit Hilfe von Partnerschulen im Ausland Realität werden soll. Direktor Mag. Dkfm. Hans-Joachim Vocel malt ein Zukunftsszenario: „Denken über Grenzen hinaus, Verstehen und Toleranz gegenüber anderen Wertsystemen, Reden-Können mit möglichst vielen werden im dritten Jahrtausend Schlüsselqualifikationen sein."

Tausende Schülerinnen und Schüler entsteigen des Morgens den Zügen und Bussen und strömen vom Bahnhof zu den zahlreichen Lehranstalten der Stadt.

In der Sportstadt St. Pölten wird schon in den Schulen darauf geachtet, daß auch der Körper auf seine Rechnung kommt.

Als Basis des Verstehens wird vor allem die Weltsprache Englisch in der HAK-Europa-Klasse forciert. International anerkannte Zertifikate wie das „Cambridge First Certificate in English" und das „Certificate of English for International Business and Trade" werden im Zuge der Ausbildung erworben. In einzelnen Gegenständen wird fallweise in Englisch unterrichtet. Neben der zweiten verpflichtenden Fremdsprache Französisch stehen Italienisch und Russisch zur Wahl. Exkursionen zu den Partnerschulen und Brief- oder Internetfreundschaften sollen die Kommunikation in der fremden Sprache erleichtern. Darüber hinaus wird Teamarbeit großgeschrieben. Das verbindet die Kaufleute im Bundesschulzentrum mit den benachbarten Technikern. Die *Höhere Technische Bundes-Lehr- und Versuchsanstalt* ist in den letzten Jahren mit ihrem praxisnahen Projektunterricht positiv aufgefallen. Bei einem Rundgang durch die Abteilung Automatisierungstechnik (früher Maschinenbau) winkt mir ein Roboter mit einer Fahne, ein anderer ist darauf programmiert, Mixgetränke zu shaken. Daneben präsentieren zwei Schüler ihre Arbeit für die Universitäts-Zahnklinik. „Die Technische Universität hat sich daran die Zähne ausgebissen, unsere Schüler haben die Aufgabe gelöst", verkündet Dipl.-Ing. Helmut Arnberger stolz. Ein Kiefermodell sollte auf dem Computerbildschirm in Netzform dargestellt werden. Die beiden

Schüler konstruierten ein Meßgerät mit Laser und tüftelten das dazugehörige Programm aus. Das virtuelle Ergebnis bewegt sich in alle Richtungen auf dem Schirm. „Ohne die Unterstützung der Industrie wären diese Projekte finanziell nicht mehr machbar", seufzt Dipl.-Ing. Arnberger. Das Sparpaket drückt auch auf die Schulen. Dabei ist das künftige Kapital der rund 1.800 SchülerInnen – drei Prozent davon sind weiblich – die praktische und fächerverbindende Ausbildung. Mit dem Computer auf du und du zu sein, gehört hier in jeder Abteilung zum Alltag, in der Fachschule wie in den höheren Abteilungen, von der Automatisierungstechnik, der Elektrotechnik über Nachrichtentechnik und Elektronik bis zum Wirtschaftsingenieurswesen (der früheren Betriebstechnik) und der Elektronischen Datenverarbeitung und Organisation. Die Absolventen bringen es erfahrungsgemäß weit – bis zum Vorstandsdirektor der Voith etwa. Der prominenteste Absolvent ist der Präsident der Bundeswirtschaftskammer, Ing. Leopold Maderthaner.

BERUFE FÜR DIE ZUKUNFT. Futuristischer lesen sich die Berufe, für die künftige Diplomingenieure im jungen *Fachhochschul-Studiengang für Telekommunikation und Medien* ausgebildet werden: zum Beispiel Internetnavigator, Knowledge-Ingenieur für Medien, Telebibliothekar oder Kommunikationsmanager. Die StudentInnenzahlen steigen stetig. Von 150 vorwiegend männlichen Studierenden im zweiten Jahr der Fachhochschule auf 250 im dritten ab Herbst 1998. Untergebracht sind sie nahe der Glanzstoff-Fabrik in einer schmucken Jugendstilvilla samt modernem Zubau. Die nächste Vergrößerung ist bereits beschlossene Sache und wird voraussichtlich 1999 in Betrieb gehen. Im selben Jahr soll auch der zweite Studiengang „Medienmanagement" starten.
Der Park rund um das Haus wirkt wie ein lebendiges Gemälde. Ein kleiner Pavillon und antik anmutende Säulen schmiegen sich an die üppige Vegetation, die Vögel zwitschern. Das Haus beherbergt das Kontrastprogramm: Computerräume, ein Video- und Audiolabor, ein Drucklabor, ein Holografielabor, Hörsäle mit Dolby Surround Stereo, Designermöbel und moderne Kunst. Student Martin Seiter führt mich stolz darin herum, als wäre es sein eigenes. Der Wiener hat das langwierige Medizinstudium an den Nagel gehängt, um hier zielstrebig in vier Jahren zum Diplomingenieur zu avancieren. Dafür nimmt er sogar das tägliche Pendeln in Kauf. Daneben erarbeitet er sich praktische Erfahrung bei einer Firma, die sich mit CD-ROM-Produktionen und Web-Design beschäftigt. „In Österreich ist es wichtig, einen Titel und Abschluß zu haben. Deshalb habe ich mich für die Fachhochschule entschieden", erzählt der Computerfreak Martin, „Außerdem bekommt man hier einen guten Überblick über die Branche." Und die Branche unterstützt die Fachhochschule mit gesponserten Geräten.
Zahlreiche StudentInnen arbeiten neben dem Studium, zum Beispiel als Online-RedakteurInnen oder im Lehrstudio eines Lokalradiosenders. Darüber hinaus sind sie zu einem Semester Berufspraktikum verpflichtet. In der Fachhochschule entstanden bereits mehrere CD-ROMs, ein digital fotografierter Kalender und StudentInnenzeitungen, zusammengearbeitet wird unter anderem mit der Kremser Donauuniversität und St. Pöltens Klangturm-Kuratorin Mia Zabelka. Im wissenschaftlichen Beirat der Fachhochschule sitzen internationale Kaliber wie der New Yorker Medienkritiker Neil Postman.

IN DER WOHNUNG DES WEIHBISCHOFS. Altehrwürdiger geht es in der *Philosophisch-Theologischen Hochschule der Diözese St. Pölten* zu. Die Pförtnerin öffnet auf mein Klingeln. Universitäres Openhouse-Klima herrscht hier nicht. Hinter den schlichten Mauern des als Alumnat bekannten Gebäudes in der Wiener Straße verbirgt sich ein ehemaliges Franziskanerkloster, hübsch renoviert und mit begrüntem Arkadenhof, ein Ort der Stille. Der Hauch der Vergangenheit ist überall spürbar, weht durch die langen dunklen Gänge.
Erhalten wird das Haus, das direkt dem Bischof untersteht, von der Diözese St. Pölten. Hier studierte und studiert der Großteil

Denkmal für Florence Nightingale: Die Jugend braucht Vorbilder.

Rund 1.800 Schüler, davon rund drei Prozent weiblich, erhalten an der HTL eine praktische und fächerverbindende Ausbildung.

des Weltklerus der Diözese, darunter Weihbischof Dr. Heinrich Fasching, Weihbischof Dr. Alois Stöger und St. Pöltens Altbischof Dr. Franz Žak.

66 StudentInnen sind im Sommersemester 1998 immatrikuliert und inskribiert, sieben davon sind weiblich. Unter den Vortragenden sucht man Frauen vergeblich, hie und da wird eine Gastvortragende eingeladen. „Primär widmen wir uns der Priesterausbildung – im Haus ist auch das Priesterseminar untergebracht –, seit der Studienreform können hier aber außerdem LaientheologInnen studieren", informiert mich Dekan Dr. Ferdinand Staudinger. Neben der fachtheologischen Studienrichtung wird die selbständige religionspädagogische Studienrichtung angeboten. Die Studienpläne entsprechen denen der theologischen Fakultäten. Die Hörsäle sind modern und klein, das Studienklima ist sehr persönlich, und in der Bibliothek laden 85.000 Bücher und 150 abonnierte Zeitschriften zur Lektüre ein.

Nur akademische Grade darf die Hochschule nicht verleihen, zur Sponsion müssen die AbsolventInnen an die Universität Wien pilgern.

Das Alumnat ist wiederum Anziehungspunkt für die StudentInnen, die sich am *Konservatorium für Kirchenmusik der Diözese St. Pölten* musikalisch weiterbilden. Sie dürfen das Prachtstück des Hauses – die Orgel – benützen. In den eigenen vier Wänden am Domplatz laden vier Orgeln zum Üben ein – vom „Baby" bis zur großen Kirchenorgel. Sie sind nahe dem berühmten Kreuzgang untergebracht. Die Theorie- und Gesangsräume wurden in der ehemaligen Wohnung des Weihbischofs einquartiert. Eine Studentin übt Klavier, ein Tenor des

Stadttheaters singt, während mich Mag. Michael Poglitsch, der junge Leiter des Konservatoriums, herumführt. Er hat Dr. Walter Graf abgelöst, der das Konservatorium für Kirchenmusik 1992 aus der Taufe gehoben hatte. Neben dem Lehrgang für Kirchenmusik findet man in St. Pölten den einzigen österreichischen Lehrgang für Lied-Messe-Oratorium. Unter den 125 Studierenden sind mehr Frauen als Männer. Manche bereiten sich auf das Studium an einer Musikhochschule vor. Die Atmosphäre ist betont freundschaftlich.
„Unsere StudentInnen und AbsolventInnen arbeiten als nebenberufliche KirchenmusikerInnen – OrganistInnen, ChorleiterInnen, KantorInnen", erzählt Poglitsch. Er selbst hat Musik und Germanistik für das Lehramt sowie Orgelkonzertfach und Tonsatz studiert. Jetzt widmet er sich dem Gesangsstudium.

PRIMA LA MUSICA. Musikalische Geister hat auch die *Musikschule St. Pölten* in großer Zahl herangezogen. Lucia Nistler, bekannt durch die weibliche Hauptrolle im Musical „Das Phantom der Oper" im Theater an der Wien, und Kammersängerin Margarethe Hintermeier, Solistin der Wiener Staatsoper, wuchsen hier gesanglich heran, die Philharmoniker-Brüder Camillo und Karl Öhlberger lernten Fagott.
Der Nachwuchs verschafft sich akustisch in der Musikschulvilla inmitten des idyllischen Südparks Gehör. Trompeten- und Klavierklänge mischen sich mit dem Plätschern des Springbrunnens. Ein paar Meter weiter, im benachbarten Kinderhort, ist eine der zahlreichen Außenstellen der Musikschule untergebracht. Hier treffe ich die vielversprechende 14jährige Geigerin Johanna Kargl, Tochter des St. Pöltner Domkapellmeisters. Auf engstem Raum übt sie

Rasant wachsende SchülerInnenzahlen verzeichnet der Fachhochschul-Studiengang für Telekommunikation und Medien.

unter den strengen Augen und Ohren ihrer Lehrerin Mag. Heidrun Lengersdorff einmal pro Woche im Einzelunterricht und einmal im Streichorchester. Eine Übungsstunde täglich ist fix eingeplant, und das seit ihrem sechsten Lebensjahr.
„Ich wollte selbst Geige lernen, ich mag ihren Klang", erzählt Johanna schüchtern. Manchmal werde ihr das Üben schon zu viel, aber nicht oft. Was überwiege, sei die Freude am gemeinsamen Musizieren mit ihren Freundinnen im Orchester. Mit viel Ausdauer hat es Johanna Kargl bereits zur Konzertmeisterin im Jugendstreichorchester der Musikschule gebracht. Beim Landeswettbewerb „Prima la musica", wo auch StudentInnen der Hochschulen und Konservatorien antreten, erspielte sie sich 1996 den zweiten Platz im Geigenfach. Ob sie die Musik zum Beruf machen wird, weiß die burschikose Junggeigerin noch nicht. Orchestermusikerin zu sein würde sie reizen, und gute ViolinistInnen sind gesucht. Nachwuchsprobleme hat in verschiedenen Sparten sogar die St. Pöltner Musikschule, die mit rund 1.600 SchülerInnen die größte Musikschule Niederösterreichs ist. „Buben, die Blockflöte lernen wollen, sind ebenso rar, wie SchülerInnen für das Akkordeon", resümiert Direktor Viktor Mayerhofer. Dabei hat die Musikschule sogar ein eigenes Akkordeon-Orchester zu bieten, wenn auch ein sehr geschrumpftes. Zu den zahlreichen Ensembles der Musikschule zählen unter anderem ein Jugendblasorchester, eine Big-Band, ein Jazz-Ensemble, zwei Chöre und das Ballettensemble „Ballet Jeunesse Hippolyte". Letzteres tanzte schon in Paris, Moskau, Heidenheim, Sofia, Szeged, London und im Fernen Osten und wurde vom Abteilungsleiter für Ballettausbildung, Michael Fichtenbaum, gegründet. Der ehemalige Staatsoperntänzer eröffnete 1989 seine eigene Ballettschule, die mittlerweile im Wagramer Kulturhaus eingezogen ist.

BESSER ALS BOLSCHOI. Dort hat seit September 1998 auch das *Josef Bayer Ballettkonservatorium* unter Fichtenbaums Leitung seine Heimstätte. „Damit wird unsere Schule zu einer Berufsfachschule, die eine achtjährige Ausbildung mit Abschluß zu bieten hat. Ein großer Schritt innerhalb der EU", freut sich der erfolgreiche Ballettchef über sein erreichtes Ziel.
Die Räume des Konservatoriums können sich sehen lassen. Fünf Tanzsäle – einer davon mit Bühne – bieten viel Platz und professionelle Bedingungen für das Training. International erfolgreiche TänzerInnen haben schon vor dem Start des Konservatoriums die SchülerInnen bei Workshops unterrichtet, darunter Anastasia Volochkova, Primaballerina des Bolschoi-Balletts Moskau, Nadja Saidakova, Primaballerina der Staatsoper Berlin, und Afro-Tänzer Bob Curtis. Mit Ballettstar Vladimir Malakhov arbeitet die Schule seit vier Jahren zusammen, er tanzte bereits bei ihrer alljährlichen Ballett-Gala. Prof. Alex Ursuliak, der Ballettmeister der Schule, wurde für seine Arbeit mit Malakhov und anderen SolistInnen 1997 als bester internationaler Ballettpädagoge von der Tanzvereinigung der UNESCO und der internationalen Choreographenvereinigung ausgezeichnet.
Rund 60 StudentInnen tanzen mit Hilfe Ursuliaks und anderer LehrerInnen durch das erste Konservatoriumsjahr, darunter neun AusländerInnen, unter anderem aus Rußland. „Sie sind der Meinung, die Ausbildung hier ist besser als in der Bolschoi-Ballettschule", verkündet Fichtenbaum stolz. Der verantwortungsvollere Umgang mit der Anatomie mache den Unterschied. Die 10jährigen beginnen im Vorbereitungslehrgang, mit elf Jahren geht das tägliche Training im Konservatorium los. Die jüngeren SchülerInnen werden auch künftig im Rahmen der Musikschule Ballett lernen.

KARATE UND „FLUCTUS". Auf lange Sicht sollen alle SchülerInnen des Konservatoriums auch das neue *Oberstufenrealgymnasium für Leistungssportler* besuchen. Nur so läßt sich die Tanzausbildung mit zweimal Training pro Tag mit dem Schulalltag vereinbaren. Das ORG wurde als Expositur der Südstadt im Schuljahr 1997/98 in St. Pöltens Kolpingheim auf der bewaldeten Hermannshöhe eingerichtet, wo die SportlerInnen auch wohnen. Eine Klasse mit 23 SchülerInnen eröffnete den Reigen, eine zweite startete ein Jahr später. Zu zwei Dritteln bestehen sie aus Burschen, vorwiegend aus den Bereichen Basketball und Fußball, aber auch aus Ballett, Karate, Aero (Segelflug) und Eiskunstlauf. Trainiert wird mit eigenen TrainerInnen der jeweiligen Sportverbände und Vereine sowohl in der Landessportschule als auch in der Eishalle des Traisenparks und auf dem Flugfeld am Spitzerberg bei Schwechat.
Statt vier Jahre drücken die angehenden LeistungssportlerInnen und TänzerInnen fünf Jahre lang die Schulbank der Oberstufe. Dadurch ist der Lernstoff leichter zu bewältigen. Fahren die SchülerInnen zu Wettkämpfen, schnüren ihre LehrerInnen ihnen ein Lernpaket zum Mitnehmen. So kommen weder Sport noch Schule zu kurz.
Einen Sportschwerpunkt bietet auch das *Bundesgymnasium und Bundesrealgymnasium* an, und das bereits ab der Unterstufe. Hier steht allerdings nicht der Wettkampfgedanke im Vordergrund, sondern die Sportarten-Vielfalt: Boden- und Geräteturnen, Leichtathletik, Schwimmen, Sportklettern, Handball, Basketball, Fußball, Volleyball, Tennis, rhythmische Gymnastik, nordischer und alpiner Schilauf, Snowboard und Eislaufen. Die AbsolventInnen sollen nach der Matura für das Studium der Sportwissenschaften ebenso „gerüstet" sein wie zum Beispiel für eine sporttherapeutische Ausbildung. Der zweite Schwerpunkt der Schule widmet sich den Naturwissenschaften. Praktische Laborarbeit, Physik-, Chemie- und Biologie-Praktika und Projekte im Umweltbereich stehen im Mittelpunkt. Im „herkömmlichen" Realgymnasium schlagen sich die SchülerInnen mit viel Mathematik, Geometrischem Zeichnen und Werkerziehung herum. Dafür kann das etlichen verhaßte Latein ab der fünften Klasse durch Französisch umgangen werden. Wogegen im Gymnasium Latein ab der dritten verpflichtend auf dem Stundenplan steht, ergänzt durch Französisch, Russisch oder Griechisch in der Oberstufe.

DAS KLINGENDE HAUS. Damit bei den rund 800 SchülerInnen die Kreativität nicht zu kurz kommt, engagieren sich Lehrer wie Mag. Bernhard Paumann seit Jahren für den kunstvollen Ausgleich. Das „darstellen-

de Spiel“ hat im Gym bereits Tradition, Theatergruppen wie „Perpetuum“ und „Fluctus“ wurden hier gegründet.
Die Brücke zwischen den Naturwissenschaften und der Kunst schlägt auch das *Bundesrealgymnasium und Bundesoberstufenrealgymnasium* am Schulring. Im BORG – noch bekannt als Lehrerbildungsanstalt oder Mupäd (Musisch-pädagogisches Bundesrealgymnasium) – haben die SchülerInnen die Wahl zwischen einem Zweig mit Instrumentalmusik, einer Sonderform mit besonderer musikalischer Ausbildung, einem Zweig mit Bildnerischem Gestalten und Werkerziehung und einem naturwissenschaftlichen Schwerpunkt.
Beim Spaziergang im dicht bewachsenen Park hinter dem Haus werde ich an die Musikschule erinnert – Klavierklänge tönen aus einem offenen Fenster. Als Freifach können die SchülerInnen unter anderem die Bigband, die Rockband oder den Chor wählen. Und die Musicalaufführungen des BORG haben bereits Tradition – von „Jesus Christ Superstar“ über „Hair“ bis „Grease“. Seit 1988 hat sich das BORG erweitert – es führt nun auch ein Bundesrealgymnasium in der Langform mit Unterstufe. Auch hier steht die musikalische Ausbildung im Mittelpunkt. Nach der vierten Klasse können die SchülerInnen auch in das BORG übertreten. Insgesamt besuchen zwischen 600 und 650 SchülerInnen das „klingende Haus“. Zu den prominenten Absolventen zählen Rallye-Staatsmeister Kris Rosenberger und Jugendbuchautor Robert Klement. Im früheren Lehrerseminar wurden Persönlichkeiten wie der Lyriker Wilhelm Szabo, Karl Seitz – Wiener Bürgermeister und österreichisches Staatsoberhaupt – und der Präsident des Niederösterreichischen Landesschulrates Adolf Stricker ausgebildet.

MÄDCHEN UND MASCHINENBAU. „Entdecke Deinen eigenen Weg. Entwickle Deinen eigenen Stil. Fördere Deine Kreativität.“ Das hat das *Institut der Englischen Fräulein* als Erziehungsziel formuliert. Gegründet wurde die katholische Privatschule 1706 als Schule für Bürgermädchen, 1711 kam ein Mädchenpensionat für Adelige dazu. 1911 folgte die erste Mädchenhandelsschule Niederösterreichs. Derzeit wird neben dem Gymnasium eine Volks- und Hauptschule und eine zweijährige Hauswirtschaftsschule geführt.
„Im Mittelpunkt stand immer die bestmögliche Bildung für Mädchen“, meint Schwester Ingeborg. Ein Thema, das heute aus feministischer Sicht neue Aktualität gewonnen hat. Denn mittlerweile zeigen Studien, daß in gemischten Klassen Buben mehr Aufmerksamkeit geschenkt wird – und sei es auch nur wegen Störaktionen. „Interessanterweise kommen Mädchen, die sogenannte Männerberufe studieren, überdurchschnittlich häufig aus den wenigen Mädchenschulen“, weiß Schwester Ingeborg um das aufgebaute weibliche Selbstbewußtsein unter Geschlechtsgenossinnen. Eine der Absolventinnen studiert Maschinenbau, eine wurde Pastorin in Innsbruck, und sogar die grüne Ex-Nationalratsabgeordnete Monika Langthaler ging durch die Schule der Klosterschwestern.
Als Teenager sieht man das naturgemäß anders. „Die Mädchen haben sich vom ‚wahren Leben‘ abgeschnitten gefühlt“, lacht Schwester Ingeborg. Mittlerweile hat das „wahre Leben“ in Gestalt von Burschen auch bei den Englischen Fräulein Einzug gehalten, was die Neugier der Mädchen deutlich schmälerte. Ein Drittel der rund 500 SchülerInnen in der Unter- und Oberstufe des Gymnasiums ist männlich.
Nachdem das Wirtschaftskundliche Realgymnasium aus Platzgründen zum Auslaufmodell wurde, konzentriert sich die Ausbildung im Gymnasium stark auf die Sprachen. „Die modernen Sprachen scheinen uns in Zeiten eines vereinten Europa und der Globalisierung sehr wichtig“, sagt Schwester Ingeborg, „aber die alten erst recht. Sie stellen die Verbindung mit unseren Wurzeln her, mit dem antiken Humanismus und dem Christentum als Grundlagen der europäischen Kultur. Und sie kann nur gesund bleiben, solange wir die Verbindung zu diesen Wurzeln nicht verlieren.“

SCHULUNG FÜR KREATIVITÄT. Die Gestaltung der Gesellschaft von morgen nimmt auch in den *Bundes-Bildungsanstalten für Kindergartenpädagogik und Sozialpädagogik* großen Raum ein. Im Übungskindergarten der Schule treffe ich seine Leiterin Hedwig Brocza: „Uns ist wichtig, die Kinder als gleichwertige Menschen ernstzunehmen und ihre Kreativität zu fördern. Sie sollen selbständig werden und spielerisch lernen.“ Im idyllischen Garten toben sich gerade zwei Mädchen auf der Reifenschaukel aus, andere turnen über das Erlebnisspielgerät. Eine Riesenseifenblase tritt ihren Flug an, und Papierschiffchen warten auf die große Fahrt im Wassertrog. Im Haus werden die angehenden Hausfrauen und -männer in voll ausgestatteten Kochnischen mit den kulinarischen Grundbegriffen vertraut gemacht. Daneben warten die MitbewohnerInnen – ein Meerschweinchen und einige Fische – auf ihr Futter. Rund 100 Kinder besuchen in fünf Gruppen den Übungskindergarten, eine davon ist eine heilpädagogisch-integrative Gruppe mit fünf Kindern mit besonderen Bedürfnissen. Im Übungshort werden 20 HauptschülerInnen betreut.
Die angehenden KindergartenpädagogInnen und ErzieherInnen lernen hier ab der dritten Klasse einmal pro Woche die praktische Arbeit kennen, in Kleingruppen oder einzeln. Frauen sind deutlich in der Überzahl – von den insgesamt rund 570 SchülerInnen ist nicht einmal ein Zehntel männlich, zu Kindergartenpädagogen lassen sich 1998 nur drei Burschen ausbilden. „Die Absolventen arbeiten auch kaum in diesem Beruf, weil das Land nur Halbtagskräfte aufnimmt. Für die Männer bedeutet das offenbar zu wenig Verdienst, die Mädchen nehmen mehr in Kauf“, bedauert Hedwig Brocza das Fehlen männlicher Vorbilder im Kindergarten.
Die Burschen entscheiden sich eher für Sozialpädagogik, die frühere ErzieherInnenausbildung. Die Berufsmöglichkeiten sind nun breiter gesteckt, die AbsolventInnen arbeiten in Horten, Heimen, aber auch als MuseumspädagogInnen, auf Spielplätzen oder in Freizeitzentren.

VERSUCHSBALLON. Wer nach der Matura die Arbeit im Sozialbereich weiter studieren möchte, kann das in der nahe gelegenen *Bundesakademie für Sozialarbeit.* Auf der frisch renovierten hellgelben Fassade erinnert noch eine überpinselte Aufschrift an die frühere Landesübungsschule. Der alte Turnsaal ist jetzt eine gemütliche Bibliothek, durch eine Zwischendecke konnten darüber noch einige Seminarräume gewonnen werden. Rund 170 Studierende werden hier zu SozialarbeiterInnen ausgebildet. In entspannter Atmosphäre, die eher an eine Universität als an eine Schule erinnert, ist Mitgestaltung jederzeit möglich. Nicht nur am Unterrichtsbetrieb, sondern auch an Projekten wie der Schulsozialarbeit. Gerda Gierer und Margot Müller starteten diesen „Versuchsballon" ein halbes Jahr lang in einer Volks- und einer Hauptschule. Als Schulsozialarbeiterinnen waren sie täglich Ansprechpartnerinnen für SchülerInnen mit Problemen. „Dabei ging es zum Beispiel um aggressives Verhalten bei Kindern aus Scheidungsfamilien oder gegenüber Ausländern, aber auch um sexuellen Mißbrauch oder das Thema Sucht", erzählen die beiden engagierten Studentinnen. Ihre Arbeit: Rollenspiele, Gespräche, ein Selbstverteidigungskurs für Mädchen, Eltern- und Lehrerabende.

HELFEN LERNEN. Zwei medizinisch-technische Akademien hat das St. Pöltner Krankenhaus zur Auswahl. In der *Medizinisch-technischen Akademie für Diätdienst und ernährungsmedizinischen Beratungsdienst* werden MaturantInnen und KrankenpflegerInnen drei Jahre lang auf die Kunst des richtigen Essens eingeschult. Ob Diät für Kranke oder Ernährungsberatung für Gesunde – in jeweils rund 2.200 Stunden Theorie und Praxis sammeln 29 angehende DiätassistentInnen und Ernährungsmedizinische BeraterInnen Erfahrungen für das Berufsleben in Krankenhäusern, Sanatorien, aber auch in der Lebensmittelindustrie, Gastronomie und Mutterberatung.
Die *Medizinisch-technische Akademie für den physiotherapeutischen Dienst* bildet angehende PhysiotherapeutInnen in Heilmassage, Reflexzonentherapien, Atemtherapie, Ultraschalltherapie und vielem mehr aus.
Ohne Matura heißt die Alternative *Schule für den medizinisch-technischen Fachdienst,* ebenfalls am Krankenhaus der Landeshauptstadt. Ab einem Alter von 17 Jahren werden hier rund 50 SchülerInnen für Arbeitsplätze in Laboratorien, Röntgeninstituten, Rehabilitationszentren, Kuranstalten und Instituten für Physikalische Medizin vorbereitet.
Die 10. oder 11. Schulstufe sollte man auch beim Besuch der *Schule für Gesundheits- und Krankenpflege* des Krankenhauses hinter sich haben. Für diese früher als Schwesternschule bekannte Schulform entscheiden sich noch immer vorwiegend Frauen. Von den 240 SchülerInnen sind 201 weiblich. Seit Juli 1998 steht die reformierte „Theoretische und praktische Ausbildung im gehobenen Dienst für Gesundheits- und Krankenpflege" auf dem Stundenplan. Die ehemaligen Krankenschwestern heißen künftig Gesundheits- und Krankenschwestern, die Krankenpfleger mutieren zu Gesundheits- und Krankenpflegern. Krankheitsvorbeugung und Gesundheitsförderung werden in einer ungesunden Zeit des Stresses immer wichtiger. Pflege soll in Zukunft die Verhütung von Krankheiten mit einschließen.
Auf Pflegeberufe hat sich auch die *Lehranstalt für Sozialberufe der Caritas St. Pölten* spezialisiert. In der zwei- und dreijährigen Fachschule können Mädchen und Burschen ab der 9. Schulstufe die Zeit zur Vorbereitung auf eine weiterführende Ausbildung, zum Beispiel in den Schulen des Krankenhauses, nutzen. Sie absolvieren neben der Schule mindestens ein Jahr lang ein Praktikum als Au-Pair-Mädchen bzw. -Burschen in und um St. Pölten. Dabei besuchen und pflegen sie Alte, Kranke und Behinderte oder helfen Familien im Haushalt und bei der Kinderbetreuung. Der dritte Ausbildungszweig – die vier- bis sechssemestrige „Fachschule für Altendienste und Pflegehilfe" – wird derzeit für Berufstätige, Um- und WiedereinsteigerInnen ab dem 19. Lebensjahr angeboten. Insgesamt besuchen 270 SchülerInnen die Caritas-Schulen. Schon ab dem 18. Lebensjahr kann die zweijährige „Fachschule für Altendienste und Pflegehilfe" in der HBLA besucht werden, als zweiter Bildungsweg in Form einer Nachmittagsschule. Im selben Haus ist die dreijährige „Fachschule für Sozialberufe" untergebracht, eine Grundausbildung für Sozial- und Pflegedienste.

DIE ALLROUNDERINNEN. Die HBLA – die *Höhere Bundeslehranstalt für wirtschaftliche Berufe* – ist fälschlich noch als „Knödelakademie" verschrien.
Dabei ist sie eine der vielseitigsten Schulen St. Pöltens. 920 SchülerInnen – vorwiegend Mädchen – werden in fünf verschiedenen Schultypen unterrichtet. Die fünfjährige Ausbildung konzentriert sich auf drei moderne Schwerpunkte: Fremdsprachen – Italienisch neben Englisch und Französisch als Pflichtgegenstand; Humanökologie – dazu gehören Baubiologie, Wohnraum und Recht, Gesundheit, Zeitmanagement, Kommunikation etc.; und Umweltökonomie – dabei werden Abfallwirtschaft und Konsumverhalten durchleuchtet, Landschaftsökologie und Raumplanung unterrichtet und Umweltanalysen im Labor vorgenommen.
Ich bin zu Gast beim Mikroskopieren. Mit detektivischem Eifer untersuchen die SchülerInnen das Wasser des Schulbiotops. Eine riesenhaft vergrößerte Eintagsfliegenlarve wird identifiziert und auf einen Bildschirm projiziert. Sie wirkt wie der Hauptdarsteller in einem Horrorfilm.
Neben der Schwerpunktausbildung bekommen die SchülerInnen obendrein ein breites kaufmännisches und praktisches Wissen mit, darunter auch Kochen und Servieren. Die selbstgemachten Köstlichkeiten werden beim Prüfungsessen aufgetischt. Die geladenen Gäste schlemmen nach Herzenslust bei Schinkenmousse, Pilznockerlsuppe, Hühnerfilet im Erdäpfelmantel und Weichselroulade. Küchenführung und Textilverarbeitung werden auch in der einjährigen „Haushaltungsschule" der HBLA gelehrt, eine beliebte Alternative zu den Polytechnischen Lehrgängen.

TONI MÖRWALDS AUSBILDUNGSBASIS. Wer das Kochen zum Beruf machen möchte, besucht allerdings eher die praxisorientierte dreijährige *Gastgewerbeschule* oder die neue fünfjährige *Höhere Lehranstalt für Tourismus* mit Schwerpunkt Marketing im

WIFI. Spitzenköche wie Heinz Hanner (Österreichs Koch des Jahres 1997) und Toni Mörwald (Präsident des Bundes Österreichischer Gastlichkeit) lernten hier die hohe Kunst des Speisenkreierens. Die SchülerInnen sorgen im WIFI-Restaurant sowie im Hotel und Seminarzentrum Schwaighof für das leibliche Wohl der Gäste.
Praxis und Theorie verbindet auch die Lehrlingsausbildung. In der *Landesberufsschule St. Pölten* stehen 18 verschiedene Lehrberufe zur Wahl – von Druckerberufen über FriseurIn, SchönheitspflegerIn und ChemielaborantIn bis zu kaufmännischen Berufen. Die BuchhändlerInnen machen alljährlich mit dem „St. Pöltner Literaturfest" im Rahmen der Festwochen von sich reden, wo sie mehrere Tage lang bekannte LiteratInnen zum Lesereigen bitten. Der langgestreckte Bau hinter der Stellungskommission wurde 1995 durch einen Neubau mit futuristischem Portal in der Straße gegenüber ergänzt. 1998 werden insgesamt 1.258 Lehrlinge in St. Pölten ausgebildet. Unter den AbsolventInnen früherer Jahre sind bekannte Sportler wie die Fußballprofis Christian Keglevits (gelernter Hochdrucker) und Harald Cerny (Chemielaborant), der Radprofi und achtfache Staatsmeister Bernhard Rassinger (Flachdrucker) und die Miß Österreich 1987, das Fotomodell Kristina Sebestyen (Friseurin).
Der Jugend stehen in St. Pölten zahlreiche Wege in die berufliche Zukunft offen. Sternförmig ist das Bildungsnetz gewoben, in alle Richtungen verteilt sich der Strom. Allmorgendlich und alljährlich.

Sabine Knoll

SPECIAL **INSTITUT DER ENGLISCHEN FRÄULEIN**

„Marienfried" nannte Paula von Preradović ihr geliebtes St. Pölten.

Kloster Marienfried oder *St. Yp*, das sind die Tarnnamen, die St. Pölten in den Schriften der berühmtesten Schülerin des Instituts der Englischen Fräulein angenommen hat. Es sind die liebevollsten, wenn auch nicht die einzigen, die Dichter für die Traisenstadt fanden, von der Verballhornung zu *St. Blödsinn* einmal abgesehen. Auch Franz Keims Rückblick auf die Stätte seines Wirkens als Gymnasiallehrer unter dem Signet *Schoppenheim* ist ja leicht despektierlich.

Was da als provinzielle Enge gesehen worden ist, haben die Zöglinge des Klosters Marienfried offenbar anders erlebt. Immer wieder kehrt in den Erinnerungen und Abschiedsgedichten der stille Klostergarten wieder, hinter dessen Mauern die betriebsame, aber auch böse Welt beginnt. Und diesen Abglanz des primordialen Paradieses kann man jetzt noch erleben, wenn man im Frühjahr hinten im Garten die seit fast 300 Jahren von den Nonnen liebevoll gehegte Frühlingsflora rund um den Holzpavillon blühen sieht.

Genau dieses Lebensgefühl drückt auch die prachtvolle Barockfassade an der Linzer Straße aus. Das Figurenprogramm allein schon spricht Bände: Der Schutzengel mit dem Kind im rechten, die Mutter Anna, die der heiligen Maria das Lesen beibringt, im linken Säulenvorbau neben dem Haupteingang, das heitere Refektorium im Hof, im Erdgeschoß die schwer vergitterten Fenster, aber drüber die triumphal vergoldeten Devisen unter dem Giebel, wo die Kuppel der Institutskirche herübergrüßt: COR HUMILIATUM ET CONTRITUM DEUS NON DESPICIET – DEUS PROVIDEBIT – PROBASTI COR MEUM ET INIQUITATEM NON INVENISTI. *Ein demütiges, zerknirschtes Herz wird Gott nicht gering achten, Gott wird vorsehen* und der Psalm: *Du hast mein Herz auf die Probe gestellt und keine Ungerechtigkeit an ihm erfunden*, das sind die Botschaften dieser Schriftbänder an die Welt außerhalb der Klostermauern, und man hat diesen apotropäischen Sinn auch wohl verstanden. Hinter diesen Mauern war längst eine Freistatt für die Töchter des Stadtbürgertums, als diesen noch keine öffentlichen Schulen offenstanden, aber natürlich auch ein adeliges Fräuleinstift, das gegen Ende des vorigen Jahrhunderts noch einmal einen großen Aufschwung nahm.

Mein liebes St. Pöltener Englisches Institut! Die süßlächelnde Himmelskönigin breitete im Pfortenbild ihren blauen Courmantel über das grellrote Dach eines Hauses im Meriangeschmack. Engel in römischen Stiefeln, Heilige mit flatternden Locken, runde Kindlein, die auf ebenso runden Schnörkeln ritten, lachten fröh-

lich von der Front aus dem 17. in das 19. Jahrhundert hinein. Und auch innen war alles vieux genre. Die Kirche war frohes, leuchtendes Barock. Von der liliengekrönten Jungfrau und den graziös sich wiegenden Cherubim Reslfelds auf dem Hochaltar bis zum rotmarmornen Denkstein, von vergoldeter Tiara gekrönt, der in blassen Lettern verkündete, daß in diesem Kirchlein Pius VI. auf seiner Reise zum Imperator Rast gehalten: „Hic genua flexit, ovicula benedixit." Dieser Hymnus gilt nicht nur für die Paradeautorin Enrica von Handel-Mazzetti, sondern auch für die vielen Poetinnen in ihrem Kielwasser, die das Kloster hervorgebracht hat.

Kloster Marienfrieds denkwürdiges Jahr, wie Paula von Preradović-Molden das Zusammentreffen des ehrwürdigen Erziehungsinstituts und der Wiener Schülerin Enrica besingt, schlug 1886. Und das besinnlich bewahrte Barock vor und hinter der Prandtauerfassade hat die junge Elevin so in seinen Bann geschlagen, daß sie zeitlebens davon erzählt hat, in *Jesse und Maria*, in der *Armen Margaret* und vielen anderen historischen Romanen aus den glorreichen Jahrhunderten.

Immerhin hat man um 1900 die junge Paula von Preradović vom Kriegshafen Pola aus bis ins Herz Niederösterreichs in Schulgewahrsam geschickt, und die Dichterin der österreichischen Bundeshymne hat noch lange den fruchtbaren Kontrast zwischen den südlichen Sommern und der nördlicheren Landschaft an der Traisen und die Begegnung mit der gelungenen Synthese aus Glaubensfestigkeit und Liberalität der Anstalt poetisch zu verarbeiten gehabt, wie sie gleichzeitig *die* Zeitschrift *Hochland* oder Ida Friederike Görres-Coudenhove als katholische Publizistin – auch Absolventin der Anstalt – vertraten.

Über diese Kanäle ist dann auch der literarische Ruhm verbreitet worden und hat eine katholische Kulturblüte hervorgerufen, die auch außerhalb des engeren Schülerkreises eine Paula Grogger, eine Dolores Viesèr oder eine Fanny Wibmer-Pedit und andere beeinflußte, so daß man fast von einer St. Pöltner Schule vor allem des historischen Romans sprechen könnte.

Stifterin dieser Schule war eine vom Glanz ihrer Schülerinnen längst überstrahlte Nonne, Mater Franziska Zimmermann, die den Deutschunterricht der erstgenannten Damen geleitet, sie zu Balladen und Theateraufführungen ermutigt und ihnen glaubensmächtige Verse mit auf den Lebensweg gegeben hat.

Sie hat die Botschaft des steinernen Programms an der Linzerstraßen-Fassade ernst genommen und ihren Zöglingen sowas wie den Schutzengel und die Mutter Anna in einer Person dargeboten, und sie haben – von den *guten Engeln* derselben Fassade *stets umgeben* – nicht umhin können und wie beim Psalmengesang zu respondieren angefangen. Spuren dieses Austauschs sind in den Poesiealben der höheren Töchter der Region noch heute nachzulesen. Und das ist vielleicht auch das steingewordene Geheimnis der Barockfassaden dieser Stadt insgesamt geblieben, daß sie selbst den flüchtigen Passanten noch immer zum Respondieren einladen …

Alois Eder

Eine Idylle inmitten der Stadt schafft der Klostergarten mit seinem Holzpavillon.

Kulturspiegel I

ERBE UND AUFTRAG

Das Kulturhaus Wagram ist Bestandteil eines Konzepts, das Kultur nicht auf die Altstadt und das Landhausviertel beschränken möchte.

Die *Neue Zürcher Zeitung* schrieb zehn Jahre nach der Erhebung St. Pöltens zur Landeshauptstadt von Niederösterreich von einer zunehmenden Eigenständigkeit des kulturellen Angebots der jungen Landes-Metropole, auch wenn die nahe Weltstadt Wien alte Komplexe stärke. Alte Komplexe, wie sie etwa Herzmanovsky-Orlando im „Gaulschreck", Wolfgang Bauer in „Change" oder schließlich Jörg Mauthe in seinem Roman „Die große Hitze" sarkastisch nährten. Viele Jahrzehnte lang, so Mauthe, habe der Name St. Pöltens dem Bundesvolk als Synonym für tiefste Provinz gedient. Der viel zu früh verstorbene Literat *Klaus Sandler*, der der Mittelstadt St. Pölten schon in den 70er Jahren im Umland von Wien ein auf literarischem Gebiet wirklich eigenständiges kulturelles Profil vermittelt hatte, sprach in einer kritischen Auseinandersetzung mit dem Phänomen „Provinz" Wien den metropolen Charakter ab. Ganz Wien galt ihm als Provinz, während Niederösterreich für ihn keineswegs mehr eine

Keine andere Stadt Österreichs hat sich so sehr dem Ballett verschrieben wie St. Pölten. Die Umwandlung der Ballettschule in ein Ballettkonservatorium ist nur mehr eine Frage der Zeit.

Provinz war. *Erika Pluhar* brachte das Problem in ihrer Eröffnungsrede zu den St. Pöltner Kultur- und Festwochen 1995 auf den Punkt, indem sie die Größe einer Stadt oder einer Ortschaft als niemals bestimmend für den Geist, der diese beherrscht, definierte. Auf dem Weg zu neuen kulturellen Akzenten tue sich in St. Pölten die ganze Frische eines Neubeginns auf. Und wörtlich führte Erika Pluhar aus: „St. Pölten ist eine junge, eine heranwachsende Kulturstadt. Es hätte die Chance, sich dem Kulturbegriff jung und unbelastet zu stellen. Nicht Prestige zu suchen, sondern Beachtung, im besten Sinne des Wortes. Es geht ganz bestimmt nicht um monströse Projekte. Um den Einkauf teurer Produktionen, die weltweit zur Auswahl stehen, das kulturelle Benutzen von Verkaufskatalogen. Da sind St. Pölten die Wiener Festwochen ohnehin unschlagbar und weit voraus. Was die Menschen in dieser Stadt interessiert ... Die Einblicke in fremde Kulturen müssen sich nicht unbedingt mit teuren Spektakeln verbinden. Es geht nicht um Zahlen. Es geht um Wirksamkeiten, was sich, und wie, auf Menschen auswirkt. Kulturaktivitäten ... die hauptsächlich den Nimbus der Verantwortlichen steigern sollen, sind häufig. Und allesamt unsinnig." Und Pluhar wünschte St. Pölten bei der Entwicklung eines neuen Kulturgeschehens kluge Akzentsetzungen, nicht so sehr optische Eindrücke und teure Verpackungen, sondern Klärungen im Interesse der Menschen.

In der *Frankfurter Rundschau* wurden zum Millenniumsjahr die sich überschlagenden „Kulturangebote" österreichischer Städte und Regionen Wien gegenübergestellt, wobei der neue Kulturbezirk in St. Pölten als kultureller Triumph der Niederösterreicher über das entmachtete Wien präsentiert wurde. Tatsächlich, so meine ich, ist aber jede Stadt vom Wesen her auch Kulturstadt, vielleicht nicht Kulturbetriebsstadt, wohl aber Ausgangspunkt lebendiger Kulturarbeit als eigenständiger Beitrag zur Sinnorientierung und Lebensqualität. Ohne das Epitheton einer Kulturhauptstadt zu strapazieren, haben eine neue umfassende kulturelle Infrastruktur, ein innovatives und originäres Kulturmanagement, eine beispielhafte und zukunftsorientierte kulturelle Basisarbeit und das kooperative Zusammenfinden der kulturell Verantwortlichen von Hauptstadt St. Pölten und Land Niederösterreich eine europaweit anerkannte kulturpolitische Vorbildfunktion bewirkt.

Eine Paradeaufführung des Stadttheaters ist das „Weiße Rößl" mit den Stars Lucia Nistler und Alfons Haider.

GRUNDLAGENFORSCHUNG UND ANGEBOTSKOORDINIERUNG. Kultur will, so Jürgen Habermas, daß der Mensch wird, was er nicht ist, daß er sich verwandelt nach ihrem Bild. Sie ist ein Weg, auf dem der Mensch genötigt wird ... und eben dieser Weg kann nur beschritten, nicht konsumiert werden. Während der Konsument bewegungslos verharrt, will Kultur bewegen. Diese Bewegung nahm ihren Ausgangspunkt und ihre Energie naturgemäß vom allgemeinen großen Entwicklungsschub der Hauptstadtgestaltung auch im kulturellen Bereich. Dazu diente eine umfassende Grundlagenforschung zur Kulturentwicklungsplanung, die den Status quo am Beginn der 90er Jahre erhob, die Bedürfnisse der kulturellen Aktivisten vor Ort auslotete und ein Szenarium für einen fruchtbaren Neubeginn aufzeigte. Hieß es in dieser Kulturstudie noch, Großveranstaltungen kultureller Art würden in St. Pölten mit Ausnahme mehrzweckgenutzter Sporthallen keinen Raum haben, so spricht nunmehr Ute Watzlawick in NEWS von einer eigenen Metropole für die Kultur, die entstanden sei. Neben dem „Kulturzentrum der Superlative" im Landhausbezirk errichtete die Stadt selbst im Süden ein neues multifunktionales Messe- und Veranstaltungszentrum mit zwei großen Veranstaltungshallen für 2.000 und 1.000 Plätze sowie einen Symposionssaal für 350 Plätze. Im Traisenpark entstand mit der Eissporthalle ein auch für Kulturevents zu nutzender Veranstaltungsort für über 1.000 Besucher. Im Bistumsgebäude wurde mit der Revitalisierung des Sommerrefektoriums ein stimmungsvoller barocker Konzertraum für 200 Besucher geschaffen.

Parallel zur hochprofessionellen Zentrumskultur wurde als weiterer wichtiger Schritt zum Ausbau der Quartierskultur in St. Pölten mit den jährlichen stadtteilbezogenen, besonders dokumentierten Aktivtagen und den Kulturhäusern zur Stärkung des sozialen, geselligen, infrastrukturellen und kulturpolitischen Netzes im bevölkerungsreichsten Stadtbezirk das Kulturhaus Wagram mit einer Saalkapazität für 300 Teilnehmer errichtet. Nach dem Vorbild des Salzburger Rockhauses ist eine Jugendkulturhalle projektiert. Unabdingbare Voraussetzung für eine kulturelle Entwicklung der Landeshauptstadt St. Pölten ist nach der erwähnten Kulturstudie die sachpolitische Kooperation von Stadt und Land auf Ebene von Kulturpolitik und Kulturarbeit. Mit der formellen Beschlußfassung der Stadt, zu den kulturellen Aktivitäten der NÖ Kulturszene einen 10prozentigen Beitrag des derzeitigen Gesamtbudgets zu leisten, und mit der schließlichen Fördervereinbarung zwischen Stadt und NÖ Kulturszene BetriebsgesmbH wurden 1996/98 diese Vorgaben praxis- und zukunftsorientiert umgesetzt. Die insgesamt 21 Veranstaltungshallen bzw. -räume in St. Pölten verfügen derzeit über eine Gesamtkapazität von 9.500 Sitzplätzen, d. h., daß gleichsam jeder fünfte St. Pöltner einen Kulturstammplatz haben kann bzw. die Hauptstadt für ein beachtliches kulturelles Einzugsgebiet gerüstet ist.

Einer Empfehlung der erwähnten Kulturstudie entsprechend, hat die Stadt die Strukturen für ein *Kooperationsbüro* und eine *Servicestelle* zur Angebotskoordinierung, organisatorischen Veranstaltungsunterstützung und Vermittlung kultureller Räume geschaffen. Dieses Veranstaltungsmanagement ist im Karmeliterhof situiert und beherbergt auch ein eigenes Jugendkulturservice sowie ein umfassendes Kundenservice mit Ticketvernetzung und zentralem Kartenverkauf über Internet, Plakat-, Medien- und Einladungsservice. Dieses Veranstaltungsmanagement versteht sich als zentrale Anlaufstelle für Veranstalter, Künstler, Medien und Besucher in der Landeshauptstadt.

STADT DER DICHTERINNEN UND DICHTER. 100 Jahre vor der Erhebung St. Pöltens zur Hauptstadt von Niederösterreich kam der sensible Lyriker Rainer Maria Rilke als Zögling in die damalige Militär-Unterrealschule auf dem Gelände der heutigen HTL. Rilkes Versuche, den durch seine dramatischen Historiengemälde damals bekannten St. Pöltner Literaten Franz Keim für seine modernen Seelenströmungen zu interessieren, hatten wenig Resonanz. Es waren heimwehgeplagte Jahre in Gefängnismauern, die Rilke über St. Pölten in Erinnerung behält. Ob die Verse

Die Städte aber wollen nur das Ihre
und reißen alles mit in ihren Lauf.
Wie hohles Holz zerbrechen sie die Tiere
und brauchen viele Völker brennend auf.

auch St. Pölten meinen, die Rilkes Stundenbuch enthält? Die Stadt St. Pölten hat jedenfalls dieses Gedicht 1995 zur Vorlage für den vierten Satz des Auftragswerkes an den einheimischen Komponisten Helmut Scherner „Sancto Ypolito – Symphonie einer Stadt" gewählt. In der HTL selbst erinnert nicht nur ein von den Schülern errichtetes Denkmal, sondern auch eine Gedenktafel der Stadt an die St. Pöltner Jahre Rilkes.

Drei weitere Dichterpersönlichkeiten verbrachten ihre Schulzeit in St. Pölten, nämlich Enrica von Handel-Mazzetti, Paula Grogger und Paula von Preradović bei den Englischen Fräulein. Wie später der Lyriker Walter Sachs, so trauerte auch Enrica von Handel-Mazzetti „den letzten Resten der alten Viertelstadt St. Pölten, aus der sich bereits die neue Industriestadt erhob", nach. Alleine durch seine räumliche Nähe hatte der Kirchstettener Josef Weinheber eine besondere Beziehung zu St. Pölten. Andere Dichter, wie Peter Altenberg oder Paul Celan, montierten St. Pölten lediglich episodenhaft oder reimlich in Anlaßgedichte ein. Anläßlich der Verleihung der Europafahne an St. Pölten verfaßte Erika Pluhar als Auftragswerk den Text zur von Antonio Victorino D'Almeida komponierten „St. Pöltner Europa-Hymne".

Die literarische Tradition der Zeitschrift *das pult* wurde vom *Limes* weitergeführt. Anerkannte bzw. hoffnungsvolle Literaturschaffende, von Karl M. Kisler, Karl Klement, Camillo Öhlberger und Günther Stingl über den viel zu früh verstorbenen Björn Beckmann, Zdenka Becker, Robert Klement und Peter Wieninger bis Christiane Pabst und Alois Eder, stehen für die Dichtung der Gegenwart. Gerhard Egger machte sich in einem satirischen Essay über die kulturtouristische Wirkung eines traumhaften Projektes von André Heller Gedanken, tröstete sich aber damit, daß St. Pölten ja seine eigene Kultur habe: „... das Stadttheater z. B., ... ein kleines Theater, aber sehr stimmungsvoll ...!"

SPRUNGBRETT FÜR DIE GROSSEN. An diesem *Stadttheater*, das 1996 sein 175jähriges Bestandsjubiläum beging, wirkten Schauspieler wie Hedwig Bleibtreu, Alexander Girardi, Hermann Leopoldi, Fred Liewehr, Hubert Marischka, Adele Sandrock, Albin Skoda, Kurt Weinzierl und Paula Wessely. Raoul Aslan dankte seinem Schöpfer, daß ihn St. Pölten, „die herrliche Stadt", in ihre Arme genommen hatte. Und an diesem

In St. Pölten werden Bücher nicht nur geschrieben und gedruckt, sondern auch gekauft und gelesen.

Theater dirigierten u. a. Nico Dostal, Edmund Eysler, Franz Lehár und Robert Stolz. Sängerpersönlichkeiten wie Giuseppe Taddei, Helge Rosvaenge, Peter Minich (auch als Schauspieler), Ioan Holender und Lucia Nistler traten auf. Unter den Gästen sei nur auf Theo Lingen, Josef Meinrad, Fritz Muliar, Walther Reyer, Marika Rökk und Annie Rosar verwiesen. Wurde das Stadttheater der 70er und 80er Jahre aufgrund seiner lukrativen und konservativen Spielpläne als Beispiel für die Stagnation kulturellen Lebens herangezogen, so schwärmt Johannes Reichl in seinen „Zukunftsszenarien zu einer neuen Landeshauptstadt am Beispiel St. Pölten ...": „Diese Situation hat sich, Gott sei Dank, seit Intendant Wolsdorff zum Positiven geändert. So bringt das Stadttheater mit seinem derzeitigen Intendanten immer wieder Qualitätstheater auf die Bühne ..." Das Musical „Rainbow Girl" und „Nathan der Weise" erhielten Applaus wie bei einem Fußballspiel. Auf die Frage Rudi Wankas an

St. Pölten hält das Andenken der Dichter auch nach Jahrhunderten hoch.

Ephraim Kishon, warum er sein Jugendstück „Kein Wort zu Morgenstern" ausgerechnet am Stadttheater St. Pölten, also einem Ort, an dem Autoren von internationalem Rang ihre Stücke üblicherweise nicht zur Uraufführung bringen, 1992 inszenierte, antwortete der Autor kurz: „Das Theater ist mit mir in Kontakt getreten, ich habe es ausgewählt, und bisher bin ich sehr zufrieden." Vor allem ist das Stadttheater St. Pölten bundesweit bei der Vergabe und Aufführung von Auftragswerken beispielhaft. Die Medien sprachen von einem glanzvollen Theaterereignis und sahen das Publikum im Banne des „Teufels", als mit dem Schauspielexport aus Stuttgart, Werner Eng, Goethes „Faust" eine zeitgemäße Dimension erhielt. Als einzigartig in Europa gilt Wolsdorffs Initiative zu „Internationalen Schiller-Gesprächen" am Stadttheater, womit an die „Schiller-Feste" im Ausklang des 19. Jahrhunderts angeknüpft wird. Nirgendwo erfährt öffentliche leistende Kulturpolitik eine über ihre ökonomische Funktionalisierung hinausgehende, stärkere ethisch-moralische Legitimierung als mit dieser Theaterinitiative. Zur Konsolidierung des Theaterbetriebs trug zweifellos der Fördervertrag zwischen Stadt und Land nicht unwesentlich bei.

VIELFALT IM ZENTRUM UND AN DEN RÄNDERN. Im Zentrum bildet das Stadttheater gemeinsam mit dem Karmeliterhof, dem Jugendzentrum, dem Steingöttersaal und der erfolgreichen „Bühne im Hof" als Pendant zum Regierungsviertel einen eigenen Kulturbezirk. Die neuen Einrichtungen und Institutionen sowie der Kooperationswille von Hauptstadt und Land machen auch eine Straffung und Neustrukturierung im Veranstaltungsbereich erforderlich. Die NÖ Tonkünstler haben im Festspielhaus ihren Konzertsaal gefunden, die traditionellen Stadtsäle wären nach Meinung von Peter Schreier künftig für Kammermusik ideal. Die Musikszene lebt, neben vier konzertfähigen Chören haben vor allem über 20 Nachwuchsensembles und Bands Zukunft. Während das BORG mit der Inszenierung bravouröser Musicals brilliert, gehen vom Bundesgymnasium mehrere Jugendtheaterensembles aus, die ihren Sitz im „Theater

An Friedrich Schiller erinnern heute auch die Internationalen Schiller-Gespräche.

im Museum" im Karmeliterhof haben. Die städtische Musikschule ist die größte in Niederösterreich. Um die Abwanderung begabter Schüler nach Wien und Linz hintanzuhalten, wäre neben dem bestehenden diözesanen Konservatorium für Kirchenmusik die Schaffung eines Landeskonservatoriums oder einer Musikhochschul-Außenstelle in St. Pölten notwendig.
Im Stadtteil Viehofen komponierte Josef Bayer das Ballett „Die Puppenfee", und in den 20er Jahren „tanzte" Josephine Baker in St. Pölten an. Die städtische Ballettschule und das „Ballet Jeunesse Hippolyte" haben diese Tradition erneuert, und gemeinsam mit dem Festspielhaus soll St. Pölten zum Zentrum von *Ballett und Tanz* im Herzen Europas werden. Vladimir Malakhovs „Foot-Prints" sind vor dem Stadttheater eingegossen. Seine Büste steht im Kulturhaus Wagram, er selbst ist St. Pöltner „Youngster of Arts Europe"-Preisträger und

gleichsam Schirmherr der jungen Ballett-hauptstadt. Die internationale Resonanz und das hohe Niveau machen den Sprung der Ballettschule zum Ballettkonservatorium realistisch.
St. Pölten verfügt zwar über kein ausgedientes Flugfeld für Mega-Rock-Konzerte, der neugestaltete Rathausplatz und der Domplatz, ja die gesamte Innenstadt, haben sich aber für Festivals mehr als bewährt. Das Hauptstadtfest zieht jährlich bis zu 70.000 Besucher an, ein Kultur-Film-Festival am Rathausplatz komplettiert neben dem „Hollywood-Megaplex"-Film- und Unterhaltungstempel im Nordosten sowie dem Programmkino-Projekt im Zentrum die erfolgreiche Initiative des „Films am Dom", der Stadt-Silvester ist nicht mehr wegzudenken, die „Schwingungen" kulminieren im „Barock-Festival", und mit der „Schubert-Landpartie" wurde eine kulturelle Achse der traditionellen Schubert-Stätten, vom Zentrum bis zum Schloß Ochsenburg an der südlichen Peripherie, geschaffen. Auch der Schubert-Platz im Regierungsviertel hat sich als Festplatz bewährt, und die Ö3-Beach Mania sowie das „Seefest" am nördlichen Badesee und das „Schlagerkarussell" in der Tennisarena bringen Feuerwerke der Kultur.
Wer sehen kann, dem offenbart sich in manchen Teilen der Hauptstadt der ganze *Reichtum der historischen Tradition*, von archäologischen Ausgrabungen bis zum barocken und Jugendstil-Ensemble im Zentrum. Das Diözesanmuseum ist das älteste in Österreich. Die aktive Shedhalle und das neue Landesmuseum kompensieren den Verlust des Renaissance-Schlosses Pottenbrunn als Ausstellungsort weitgehend. Ein virtuelles Museum über die Geschichte des Judentums entsteht in der ehemaligen Synagoge, über die Geschichte der Arbeiterbewegung informiert das „Museum im Hof" im Zentrum. Im Karmeliterhof ist nicht nur das Stadtmuseum mit einer erlesenen Jugendstil-Abteilung etabliert, das *NÖ Dokumentationszentrum für moderne Kunst* profiliert sich hier seit 1978 als Drehscheibe bildender Künstler Niederösterreichs. St. Pölten verfügt nicht nur über die aktiven Künstlervereinigungen „Künstlerbund", „PENTA" und „XYCRON", es ist auch Sitz des Kunstvereins Süd-Ost mit hochkarätigen Mitgliedern aus Wien, Niederösterreich und dem Burgenland. Über die Ausstellungstätigkeit hinaus vergibt die Stadt, in der bildende Künstler von Theodor Hörmann, Ferdinand Andri, Ernst Stöhr und Wilhelm Frass über Ferdinand Stransky, Franz Luby und Fritz Küffer bis Robert Herfert zu Manfred Deix, Hubert Schorn, Ernst Krötlinger, Ernest Kienzl und Franz Rupp ihr Zuhause hatten oder haben, auch Aufträge an profilierte, überregionale bildende Künstler zur Veranschaulichung historischer Identität, wie an Friedrich Sochurek, Helmut Kand, Milan Generalić und Hans Crepaz.
Was Siegfried Hummel allgemein über die Kulturpolitik 2000 für zentrale Städte formulierte, gilt auch für die Landeshauptstadt St. Pölten:
„Die kommunale Kulturpolitik wird direkt und täglich herausgefordert, Eliten für das Gemeinwohl zu interessieren, Unselbständige und Benachteiligte zu emanzipieren, die Kultur jedes Menschen als einmalige und für alle anderen unverzichtbare Kultur zu identifizieren, Chancengleichheit herzustellen, interkulturelle Kommunikationsprozesse in Gang zu setzen, sozial- und zielgruppenorientiert vorzugehen, Vorstellungen vom Zusammenleben vieler Unterschiedlicher an einem Ort zu entwerfen und zu vermitteln, Herkunft und Zukunft in der Gegenwart sowie das Prozessuale unseres Lebens erfahrbar zu machen."

Siegfried Nasko

Kultur auch im Wohnbau: Der Phantasie sind keine Grenzen gesetzt.

X-mas Concert in den Stadtsälen mit den „Frisbee Flakes". Die Errichtung einer Jugend- und Kulturhalle „zenith" wird die Szene weiter beleben.

St. Pölten hat sich verändert – zum Guten hin, wie ich meine. Neben den Initiativen im Hochkulturbereich hat auch die Jugendkulturszene einen Entwicklungsschub erfahren. Die Impulse gab nicht nur die Stadt, auch das Land trug dazu bei, wie Veranstaltungen des Festspielhauses (Hip-Hop-Musicals u. ä.) oder Performances und DJ-Nights im Klangturm dokumentieren.
Besondere Zuwendung wurde in den letzten Jahren dem Band-Sektor zuteil, in dem es inzwischen richtiggehend brodelt. Formationen aller Stile und Prägungen schießen aus dem Boden, die adäquate Infrastrukturen vorfinden und individuell gefördert werden (Jugendfonds der Stadt St. Pölten, Jugendförderungspreis „Youngster of Arts" etc.). Darüber hinaus wird dem Band-Nachwuchs bei Großveranstaltungen eine Präsentationsplattform geboten: Hauptstadtfest, Seefest, Stadtsilvester, neuerdings auch das Festwochen-Open-Air „Local Heroes" – das sind die Chancen der heimischen Szene zur Anknüpfung überregionaler Kontakte. Es ist erfreulich, daß Bands wie *Ballycotton*, *Bauchklang*, *Dust*, *Frisbee Flakes*, *Lautsprecher oder Psy-9* ihre ersten CDs auf den Markt gebracht haben und über die heimatlichen Grenzen hinaus Erfolge feiern.
Als weiterer wichtiger Träger des Veranstaltungssektors ist die In-Lokal-Szene zu nennen. Sie hat einerseits quantitativ zugelegt – es gibt heute eine breite Auswahl von der Großdisco über das Szenebeisl bis hin zu Alternativ-Treffpunkten –, andererseits haben die Betreiber erkannt, daß eine „volle Bude" nur über ein gutes Programm möglich ist. Konkurrenz belebt das Geschäft, und so hat der Überlebenskampf der Gastronomie den St. Pöltnern vor allem an den Wochenenden eine erfreulich große Angebotsvielfalt beschert. Und neben den Wirten haben sich auch junge Veranstalter auf das Veranstaltungsterrain gewagt, unter denen der *Verein zur Förderung der Urbankultur „das proton"* eine Vorreiterrolle eingenommen hat.
Die darstellende Kunst abseits der Profi-Schiene von *Stadttheater*, *Festspielhaus* oder *Bühne im Hof* hat sich mit den drei Amateur-

theatergruppen *Fluctus*, *Movimento* und *Perpetuum* als wichtiger Subkulturfaktor etabliert, was vor allem dem Enthusiasmus der Leiter und der Schauspieler zu verdanken ist. In Würdigung dieses Engagements und zur Förderung dieses Kulturzweigs hat die Stadt jüngst die Kleinbühne *TIM* (Theater im Museum) ins Leben gerufen. Die Bereicherung der St. Pöltner Jugendkulturszene auf dem Mediensektor manifestiert sich sehr deutlich im *Jugendmagazin PEN*, in dessen überregionale Berichtvielfalt auch St.-Pölten-Beiträge einfließen, und im *City-Flyer*, der alle zwei Wochen erscheint.

Wichtige soziokulturelle Arbeit wird in den St. Pöltner Jugendzentren *Steppenwolf*, *H2* und *Little Phoenix* geleistet, die Orte der Begegnung, der persönlichen Entfaltung und der Kreativität sind.

Aber auch das nächste zukunftsträchtige Großprojekt steht vor der Tür, mit dem St. Pölten die Jugendszene beim Schritt ins nächste Jahrtausend begleitet: Die Rede ist von der Errichtung der *Jugend- und Kulturhalle „zenith“*, deren Hauptaufgabe die Förderung von Einzelpersonen und Gruppen mit künstlerischem Anliegen unterschiedlicher Kunstsparten und Stilrichtungen sein wird. Ich erwarte mir davon einen infrastrukturellen Quantensprung, der der Jugend breite Entfaltungsmöglichkeiten einräumt. St. Pölten hat auf dem Jugendsektor die Weichen für das 21. Jahrhundert gestellt und ist im Begriff, sich einen Namen als Jugendhauptstadt zu machen!

René Voak

Das „Little Phoenix“ ist ein Ort, an dem sich junge Leute wohl fühlen und selbst aktiv werden können.

Kulturspiegel II

KULTURBEZIRK & BÜHNE IM HOF

Der Klangturm bietet auf jeder Ebene eine besondere Attraktion mit wechselndem Programm.

Junge Landeshauptstadt, neue Kulturhauptstadt – mit diesen Worten läßt sich Niederösterreichs 50.000-Einwohner-Metropole St. Pölten wohl am besten beschreiben, denn der neue Kulturbezirk der Landeshauptstadt bildet ein in dieser Form einzigartiges kulturelles Zentrum. Direkt neben den Gebäuden der Landesregierung errichtet, bietet der Kulturbezirk seinen Besuchern mit Klanginstallationen, Ausstellungen, Vorträgen, Musik-, Theater-, Literatur- und Tanzveranstaltungen u. a. ein abwechslungsreiches kulturelles Angebot und ergänzt das Kulturprogramm der Landeshauptstadt.

In der Shedhalle hat die Ausstellungskultur ein originelles Dach überm Kopf erhalten. Der 8 Meter hohe Raum läßt viele Gestaltungsmöglichkeiten zu und ist Hans Holleins erster Museumsbau in Österreich.

SYMPHONIE DER TAUSEND. Mit der Eröffnung des von Klaus Kada geplanten *Festspielhaus*es St. Pölten, am 1. März 1997, hat in der niederösterreichischen Landeshauptstadt St. Pölten eine neue kulturelle Ära begonnen.
Berühmte Ensembles und Künstler wie das Royal Ballet of Flanders, Gidon Kremer und die Kremerata Baltica, das Cullberg Ballett aus Schweden, das Brodsky Quartett, Wolfgang Muthspiel, Otto Schenk, Paco de Lucia, Herman van Veen, das Freiburger Barockorchester, das Ballet Cristina Hoyos, Les Ballets Trockadero de Monte Carlo, Erika Pluhar, H. C. Artmann, Michael Heltau und Klaus Maria Brandauer konnten das Publikum begeistern. Unvergeßlich werden wohl auch die Europapremiere der berühmten Martha Graham Dance Company und das Gastspiel des Piccolo Teatro di Milano, welches Giorgio Strehlers letzte Inszenierung des „Dieners zweier Herren" zeigte, bleiben. Das Festspielhaus hat seine kulturelle Identität binnen kürzester Zeit vor allem über den Tanz gefunden und wird von Stadt und Land in dem Vorhaben, diese Kunstsparte zu unterstützen, gefördert. Doch das Festspielhaus setzt auch kulturpolitische Akzente. So wurde gemeinsam mit der Szene Wien und dem Posthof Linz der 1. Österreichische Tanzproduktionspreis ins Leben gerufen. Einmal jährlich wählt eine Fachjury die beste Produktion einer freien Tanzgruppe. Diese erhält neben einem namhaften Geldbetrag die Möglichkeit, sich im Rahmen eines Gala-Abends der Öffentlichkeit zu präsentieren. Mit dem Tanzproduktionspreis soll ein Impuls für die Entwicklung der österreichischen Tanzszene gesetzt werden. Auch das Donaufestival ist im Festspielhaus zu Gast, um große Produktionen zu realisieren. Neue Perspektiven eröffnen sich auch für das Landessymphonieorchester. Denn das Niederösterreichische Tonkünstlerorchester hat mit dem Festspielhaus eine neue Heimat erhalten. Schon in der ersten Saison realisierte das Orchester unter seinem Chefdirigenten Fabio Luisi Projekte wie Mahlers 2. Symphonie „Auferstehung" zur Eröffnung des Festspielhauses, Verdis „Requiem" oder Mahlers 8. Symphonie, die „Symphonie der Tausend", mit großem Erfolg. Das Eröffnungskonzert wurde vom Österreichischen Rundfunk auf CD aufgenommen und dokumentiert diesen historischen Abend. Auch in Zukunft wird das Orchester ein wichtiger Baustein im vielfältigen Programm des Festspielhauses sein. Das Festspielhaus St. Pölten wurde binnen kürzester Zeit zu einem wichtigen kulturellen Zentrum des Landes, und das große Publikumsinteresse läßt eine sehr verheißungsvolle Zukunft erwarten. In Hinkunft sollen daher auch Eigen- und Koproduktionen realisiert werden.

Im Klangturm werden akustische Erlebnisse nicht nur bereitgestellt, sondern durch die Besucherinnen und Besucher auch selbst hervorgerufen.

GLOBAL KIDS. Majestätisch ragt der 67 Meter hohe *Klangturm* über die Dächer des St. Pöltner Regierungsviertels. Der Turm bildet den Schnittpunkt zwischen Kulturbezirk und Regierungsviertel und ist bereits bei der Anreise nach St. Pölten von der Ferne sichtbar. Der Architekt Ernst Hoffmann plante dieses einzigartige Bauwerk, welches das größte elektronische Musikinstrument der Welt ist und auch ein internationales Zentrum für Audio-Art beherbergt. Audio-Art ist eine noch relativ junge Kunstsparte, in der sich die Musik mit Tanz, Theater, Architektur, bildender Kunst, Radio, Film und Video verbindet. Insgesamt bietet der Klangturm drei Klangkugeln und Klangebenen, welche für die Realisierung unterschiedlichster Projekte zur Verfügung stehen. Künstler aus aller Welt präsentieren im Klangturm ihre Kunstwerke, welche von Ende März bis Ende November besichtigt werden können. Darüber hinaus eröffnet der Klangturm seinen Besuchern auch die Möglichkeit, sich auf interaktiver Ebene mit dem Bereich Audio-Art auseinanderzusetzen. Faszinierend ist dabei unter anderem das Projekt „Global Kids". Junge Besucher haben dabei die Möglichkeit, sich auf spielerische Weise mit Klängen auseinanderzusetzen, mit Hilfe des Computers zu komponieren, Töne und Klänge zu bearbeiten oder einfach im Internet zu surfen. Ein interaktiver Raum ist die Attraktion der zweiten Klangkugel. Hier kann der Besucher selbst erleben, wie sein eigener Tanz zu Musik transformiert werden kann und dabei der Rhythmus und die Richtung der Bewegungen das Klangbild verändern. Die dritte Klangebene entführt den Besucher in die faszinierende Welt der Audio-Art. Eine zusätzliche Attraktion des Klangturms ist die in 46 Meter Höhe gelegene Aussichtsterrasse, welche über einen Panoramalift erreicht wird und einen wunderbaren Ausblick bietet.

UNTER EINEM DACH. Die von Hans Hollein geplante und nach ihrem markanten Shed-Dach benannte Ausstellungshalle bildet den ersten Baustein des zukünftigen Niederösterreichischen Landesmuseums, welches voraussichtlich 2001 eröffnet wird. Insgesamt stehen ca. 1.200 m² an Ausstellungsfläche zur Verfügung, wobei die Große Halle eine Fläche von 700 m² und eine Höhe von 8 Metern bietet. Das Gebäude tritt von seiner äußeren Erscheinungsform her auch durch sein wellenförmig geschwungenes Vordach auffällig in Erscheinung. Die *Shedhalle* ermöglicht dem Landesmuseum einen ganzjährigen Ausstellungsbetrieb in der neuen Landeshauptstadt. Nach der Eröffnungsausstellung „ARCHITEKTUR bauen" im Mai 1997 wurde im neuen Gebäude unter dem Motto „Ein Land sammeln" das Landesmuseum mit all seinen Sammlungen, Werkstätten und Arbeitsbereichen präsentiert. Eine in vier Teilen konzipierte Reihe von Jahresausstellungen widmet sich seit Februar 1998 europäischen Großlandschaften, an denen auch Niederösterreich Anteil hat. Mit der Ausstellung „Über die Berge", welche sich mit dem Landschaftsraum der Alpen beschäftigt, wurde dieses Ausstellungsprojekt eröffnet. Dabei wurden Themen wie „Alpinismus", „Tourismus", „Naturgewalten" aufgegriffen, aber anders dargestellt, als dies sonst üblich ist. Weiters wurde der Versuch unternommen, anhand der ausgewählten Themenkreise den Besuchern die Möglichkeit zu bieten, herkömmliche Wahrnehmungen einer Kulturlandschaft, die meist für eine Naturlandschaft gehalten wird, zu überprüfen. Die Shedhalle bietet jedoch auch ein Podium für einen vom Bundesministerium für Wissenschaft und Kunst für die nächsten Jahre gesetzten Schwerpunkt „Kulturlandschaftsforschung". Dabei sollen aktuelle Fragestellungen und Forschungsergebnisse mit Hilfe modernster Technologien und Kommunikationsmittel über ein Fachpublikum hinaus der Öffentlichkeit präsentiert werden. Zusätzlich wird das Programm durch begleitende Veranstaltungen und durch Wechselausstellungen in- und ausländischer Gastmuseen ergänzt.

DIE VORLÄUFERIN. Noch bevor der St. Pöltner Kulturbezirk verwirklicht wurde, entstand in St. Pölten eine neue Bühne, *Die Bühne im Hof*, deren großer Erfolg ein wichtiger Wegbereiter für den neuen Kulturbezirk wurde. Die Bühne im Hof entstand in den Räumlichkeiten einer aufgelassenen Wäscherei in der Linzer Straße. Vor der Eröffnung herrschte bei vielen St. Pöltnern gegenüber diesem Projekt große Skepsis, waren doch zuvor einige Theaterinitiativen an mangelndem Publikumsinteresse in St. Pölten gescheitert. Der Initiative von Mimi Wunderer und ihrem künstlerischen Konzept ist es zu verdanken, daß sich „Die Bühne im Hof" binnen kürzester Zeit als Fixpunkt im kulturellen Angebot St. Pöltens etabliert hat. Im April 1990 eröffnete „Die Bühne im Hof" mit einem Fassungsvermögen von 160 Sitzplätzen. Die Bühne im Hof war damit die erste neue Kulturinitiative der damals jungen Landeshauptstadt St. Pölten. Schon im Juli 1992 war auf Grund des großen Publikumsinteresses Planungsbeginn für einen Ausbau. Nach siebenmonatiger Umbauzeit wurde die neue Bühne im Hof im November 1993 eröffnet. Der Zuschauerraum faßt seit diesem Zeitpunkt 500 Besucher. Das vielfältige kritische, unterhaltsame, zu aktuellen Themen der Gegenwart bezogene Programm zeichnet dieses Theater aus. Seit der Eröffnung des Festspielhauses werden die einzelnen Programmpunkte gegenseitig abgestimmt. Binnen weniger Jahre wurde die Bühne im Hof Fixpunkt im Tourneeplan internationaler Tanzensembles und übernahm auch eine Vorreiterrolle im Bereich Kinder- und Jugendtheater mit Produktionen wie „Jimmy sucht den Regenbogen" oder „Aids – Rettet die Liebe". International renommierte Künstler wie Joe Zawinul, Erika Pluhar, die Gruppe „Laibach", Roland Düringer, Alfred Dorfer, Jan Garbarek & Group, Black Blanc Beur, die Compania Vicente Sáez, Attwenger und Andreas Vitásek gastierten mit großem Erfolg in der Bühne im Hof. Von vielen Veranstaltern wurde versucht, diese Ideen zu kopieren. Doch wer die Bühne im Hof kennt, weiß, wie sehr die gebotenen Inhalte von der Atmosphäre dieses Hauses mitgetragen werden. Ein Besuch der Landeshauptstadt sollte auch mit einem Besuch der Bühne im Hof verbunden werden.

Christian Vranek

Die Bühne im Hof erfreut sich so wie das Theater der Landeshauptstadt und das Festspielhaus auch überregionalen Interesses.

Erholung

IN PARKS UND BÄDERN

Heimelige Gärten sind für St. Pölten charakteristisch, Wohnlichkeit auch im Grünen hat den Vorzug vor Repräsentation.

Ein bißchen erholen, nach einem langen Tag im Büro noch ein paar entspannte Minuten verbringen, aber dabei nicht zu weit aus der Stadt rauskommen. Unmögliche Vorgaben, denke ich zumindest im ersten Moment. Aber nach ein paar Sekunden der inneren Einkehr ist man doch schnell bei den Oasen, die einem auch mitten im größten Trubel ein wenig Ruhe ermöglichen.
Im *Hammerpark* etwa. Unmittelbar neben dem neuen, großen Regierungsviertel gelegen. Jahrelang dröhnte Baustellenlärm in der Nachbarschaft, jetzt rauchen die Beamtenköpfe, und die Autos vom Landhaus-Tunnel sind ganz leise zu vernehmen. Aber nach ein paar Schritten bin ich mittendrin in Natur und Vogelgezwitscher. Tierwelt ist hier überhaupt eines der Hauptmerkmale. Die Wildenten konnte man doch früher besser füttern, neuerdings – oder sind es doch schon Jahre – sperrt ein Gitter den Zugang bis zum Teich. Macht ja nichts, Futter kriegen sie von den Kindern trotzdem genug. Auch die weiteren Impressionen von

In einer überschaubaren Stadt wie St. Pölten hat auch die Familie einen besonderen Stellenwert, sei es im Alltag, sei es am Wochenende.

Besuchen früherer Jahre scheinen sich zu bestätigen: Die Ziege steht nach wie vor im Nachbargehege, und auch der Käfig mit Hasen und Meerschweinchen findet sich am gleichen Platz wie früher. Ein tiefer Atemzug bestätigt: Auch die Luft ist hier so angenehm wie früher, ein wichtiger Faktor in St. Pölten. Und beim „Surfen" im Gedächtnis fällt mir doch noch ein Schulausflug in den Hammerpark ein. Ein historischer Anlaß, wenn ich mich recht entsinne. Automatisch steuern die Füße zu dem Mahnmal, das 12 St. Pöltner Widerstandskämpfern gewidmet ist. Ihr Kampf gegen den Nationalsozialismus bedeutete ihr Todesurteil – im April 1945, wenige Tage vor dem Ende des Zweiten Weltkrieges, wurden die tapferen Männer und Frauen hingerichtet. Kein Moment der Entspannung, eher ein Moment der inneren Einkehr ist es, der mich beim Blick auf das Mahnmal durchzuckt. Aufgeschreckt werde ich durch zwei Geräusche: Den Tennisball erkenne ich gleich, die Anlage im Hammerpark zählt schließlich zu den traditionellen in der jungen Hauptstadt. Zu erkunden ist Geräusch Nummer zwei. Am Rand des Hammerparks finde ich schließlich den Fun-Park. Skateboard-Fahrer und Rollerblader tummeln sich auf einer Half-Pipe, und das mit bewundernswertem Geschick. Ein Platz für die Jugend.
Auf den Geschmack gekommen, versuche ich auch andere bekannte Erholungsplätze der Stadt zu erkunden. Streßtage gibt es ja genug, warum nicht auch öfters eine Erholungs-Stunde einlegen?
Also auf zu einem Spaziergang in den *Sparkassepark*. Kaum zu hören ist die angrenzende Westbahn, außerdem tummeln sich in diesem Park weit weniger Besucher als in den übrigen Erholungsanlagen. Gleich am Eingang thront ein Denkmal von Kaiser Josef II. Wie klein doch die Welt ist: Unter Josef II. besuchte das letzte Mal ein Papst St. Pölten. 1998, wo ich durch den Stadtpark streife, ist wieder ein Papst in St. Pölten. Verwundert über die Parallelen, streife ich weiter, genieße die Natur im Stadtpark und die Ruhe.

JOGGER, TIERE, KINDER. Ruhe findet man auch im *Stadtwald* zur Genüge. Es sei denn, man ist durch die Schule eines ehrgeizigen Sportlehrers gegangen. Dann kann der im Volksmund „Kaiserwald" genannte Erholungshain auch zur Qual werden. Dann bedeutet ein Ausflug in den Stadtwald nämlich keine Erholung, sondern einen Dauerlauf im mehr als zwei Kilometer langen Donau-Parcours. Gespickt mit Übungseinheiten wird versucht, aus einem Schüler einen Athleten zu machen. Ein Blick auf das Kampfgewicht zeigt: Ein paar Sondereinheiten hätten vielleicht doch nicht geschadet. Na ja, vielleicht das nächste Mal statt Spaziergang Jogging. Anreiz dafür ist immerhin, daß der Donau-Parcours seit einigen Jahren neu gestaltet ist. Neue Übungen, nach sportmedizinischen Erkenntnissen, machen die Laufstrecke noch attraktiver. Ein Blick auf die vielen Hobbyläufer beweist es. Ich begnüge mich (vorerst) mit dem geruhsamen Marsch durch den Stadtwald. Das Tiergehege ist hier noch größer als im Hammerpark, dementsprechend finden sich auch größere Wildtiere. Rund um das Gehege drängen sich Mütter mit Kleinkindern, Generationen des St. Pöltner Nachwuchses scheinen hier ihre „tierische" Ausbildung erfahren zu haben. Ähnliches scheint sich auch auf dem Spielplatz des Kaiserwaldes abzuspielen. So wie in meiner Jugend tummeln sich hier die Kinder, nur die Geräte sind seit der Zeit natürlich ein bißchen auf den neueren Stand gebracht worden. Jogger, Tiere, Kinder – eigentlich kein richtiger Platz zum Erholen, schießt es mir in den Kopf. Aber aufgrund der großen Fläche des Waldes findet man schnell wieder sein Ruheplätzchen, ungestört von allen Mitbesuchern.

Auf den Sportplätzen der Landeshauptstadt finden die Kinder und Jugendlichen reichlich Gelegenheit zu sportlicher Betätigung.

ALT- und NEUSEELAND. Sport und Erholung zu verbinden, das habe ich mir auch für den Besuch im *Sommerbad* vorgenommen. Aber es ist genauso gekommen wie bei allen anderen Aufenthalten zuvor auch. Anstatt meine Längen im 100-Meter-Bekken abzuspulen, liege ich auf der großen Wiese in der Sonne. Sport kommt später (denke ich zumindest). Abgeschreckt hat mich vorläufig die große Menschenmenge im Becken, das scheint sich auch niemals zu ändern. Dabei haben sich die Leute in den letzten Jahren ohnehin ein wenig besser im Gelände des städtischen Sommerbades verteilt. Seit es die große Rutsche gibt, sind die

jüngeren Besucher fast nur mehr beim Nichtschwimmerbecken zu finden. Nachdem ich mich wieder einmal zu einem kleinen Rundgang entschlossen habe, finde ich die Bestätigung, daß sich gewisse Rituale in einem Rhythmus zu wiederholen scheinen. Im Nichtschwimmerbecken wird gerade ein Junge von seinem Vater zu „Schwimmübungen" genötigt. „Lern doch endlich schwimmen!" – schallt es durch das Bekken. Gott sei Dank bin ich durch eine liberalere Schule gegangen, aber solche Unterrichtsszenen übermotivierter Väter habe ich doch schon des öfteren im Freibad erlebt. Dann schon lieber auf einen Sprung ins Buffet, wo man scheinbar auch im größten Streß Erholung findet …
Die Verpflegung ist der erste und auffälligste Unterschied bei meinem Vergleichsbesuch am *Ratzersdorfer See*. Damals – in der Kinderzeit – war man ohne Selbstversorgung ja wirklich praktisch verloren. Ein rollendes Buffet war das einzige, worauf man hoffen konnte. Heute dagegen braucht sich der Badegast um seine Verpflegung wirklich keine Sorgen mehr zu machen. Neben dem unübersehbaren Mega-Fun ist an beiden Enden des Sees für Erfrischung gesorgt. Das Mega-Fun erinnert mich gleich wieder daran, daß ich mich ja – demnächst – wieder mehr im sportlichen Bereich engagieren wollte. Tennisplätze, Squash-Courts, Angebote für die sportliche Betätigung gäbe es ja genug. Aber bei der Hitze ziehe ich es doch wieder einmal vor, mein Heil in der Erholung zu suchen. Und dazu gehört es ganz einfach, auf der Terrasse zu sitzen, ein kühles Getränk einzunehmen und die teils gestreßten, teils entspannten Badegäste zu beobachten. Und weil das alles so angenehm ist, schlage ich gleich den Weg zum Seestüberl am Südufer ein. Wie sich doch die Zeiten ändern! Früher marschierte man hier über staubige Schotterwege, der Platz auf der Liegewiese war eine harte Angelegenheit, und sportliche Betätigung (für die daran Interessierten) war auch nur auf der Wiese möglich. Heute gibt es einen schönen Fußballplatz, und auch der Trendsport Beachvolleyball kommt nicht zu kurz. Das Gedränge auf den Sandplätzen ist fast schon beängstigend. Aber auch auf den Liegewiesen ist alles wie früher: Kinder, die Federball spielen und dabei über Erwachsene stolpern – das sind die Szenen, die einem erst richtig Lust auf Erholung machen. Nach dem kurzen Abstecher ins Seestüberl – rustikal eingerichtet und aufgrund des Angebots irgendwie ungern zu verlassen – stürze ich mich also richtig in die Erholung. Der Stammplatz im Mittelbereich des Sees hat sich auch stark verändert. Optisch natürlich zum Vorteil, denn das viele Grün macht die Umgebung doch viel reizvoller. Dazu gibt es aber auch noch ein neues Gebäude: das Zentrum der Wasserrettung. Die „Baywatcher" vom Ratzersdorfer See genießen ihr Domizil sichtlich, auch wenn mir durch den Kopf schießt, daß ich auf dem Überwachungsturm noch nie jemand gesehen habe. Aber erstens schaue ich nicht dauernd hin, und zweitens scheint es den ganzen Tag unter dem Dach ein wenig heiß zu werden. Egal, die Retter machen ihre Arbeit ausgezeichnet, das habe ich doch schon von mehreren Seiten bestätigt bekommen. Nachdem eine Abkühlung notwendig ist und man bei den kühlen Wassertemperaturen des Ratzersdorfer Sees ohnehin länger im Wasser verweilen muß, um sich zu akklimatisieren, schwimme ich ein wenig. Zumindest ans andere Ufer und ein bißchen herum. Schnell wird mir die Kontinuität der Geschichte wieder bewußt. Denn am anderen Ufer des Sees tummeln sich ja die FKK-Fanatiker, und da erntet man heute wie damals als verirrter Schwimmer oder Luftmatratzen-Tourist gleich schiefe Blicke. Aber heute stört mich das noch weniger als früher.
Nach dem Trip auf den Ratzersdorfer See komme ich auf dem Heimweg auch beim künftigen „Bruder" des Sees vorbei. Der *Viehofner Schotterteich* wurde von der Stadt erworben und wird in den nächsten Jahren zu einer Erholungs-Oase adaptiert. Ein sehnlicher Wunsch der St. Pöltner geht damit in Erfüllung, für die Hauptstadt entsteht eine Fläche, mit der man sich vor niemand mehr zu verstecken braucht. Schließlich ist der Schotterteich dreimal so groß wie der Ratzersdorfer See. Die Erholungszentren werden durch einen Steg über die Traisen miteinander verbunden. Erholungs-Herz, was willst du mehr?

Thomas Kickinger

Der Ratzersdorfer See ist St. Pöltens Badeparadies. Und der Viehofner Schotterteich wird demnächst die sommerliche Platznot beheben.

MUSTER MIT WERT. Jährlich einmal übernimmt der Steirer Thomas Muster für eine Woche die Regentschaft in St. Pölten. In dieser Woche grassiert das Tennisfieber – der ATP-Zirkus macht mit dem „Raiffeisen-Grand-Prix" Station in der Landeshauptstadt.
In nur wenigen Monaten wurde im Bereich der Landessportschule eine Beton-Arena aus dem Boden gestampft, in der sich die modernen Gladiatoren Thomas Muster, Marcelo Rios & Co eine Woche lang die gelben Filzkugeln um die Ohren schießen.
Mit diesen hat es eine besondere Bewandtnis: Es sind original Roland-Garros-Bälle, die sonst nur bei einem einzigen Turnier der Welt zum Einsatz kommen, nämlich in Paris. Auch die Sandauflage wurde aus Frankreich importiert, um die Bedingungen für den Grand-Slam-Klassiker in Paris zu simulieren. Auf diese Weise sollen die Stars eine Woche vor Paris nach St. Pölten gelotst werden, was bisher auch durchaus gelungen ist. Muster, Rios und Stefan Edberg – dreimal Nummer 1 der Welt, alle drei in St. Pölten dabei. Bestens bewährt, Fortsetzung garantiert.

Oben: Die Sandauflage im St. Pöltner Tennisstadion wurde aus Frankreich importiert.
Rechts: Thomas Muster bringt die Stars der Tenniswelt an die Traisen.

DER WEG NACH BASKETBALL-EUROPA. Was in Amerika die Chicago Bulls, das ist in Österreich *UKJ Süba St. Pölten*. Nur alles ein, zwei Schuhnummern kleiner halt.
Noch ein Name ist untrennbar mit dem Basketball-Champion Österreichs verbunden: Hubert Schreiner. In jahrzehntelanger Aufbauarbeit hat er die St. Pöltner zu dem gemacht, was sie heute sind: fünffacher österreichischer Meister, dreifacher Cupsieger. Das absolut Beste, was der Basketballsport in Österreich derzeit zu bieten hat.
Mit gezielter Nachwuchsarbeit soll der Abstand zur europäischen Spitze kontinuierlich verkleinert werden. Ein Spitzensport-Gymnasium in direkter Verbindung mit dem Klub ist das Rezept für die Zukunft. Hunderttausend in den Nachwuchs statt Millionen in gekaufte Stars – der St. Pöltner Weg nach Basketball-Europa.

DIE FUSSBALL-LEGENDE. Ein Fußballer ist die St. Pöltner Sportler-Legende schlechthin: *Franz „Bimbo" Binder* schrieb Sportgeschichte. Seine ersten „Packeln" zerriß er bei Sturm 19.
1930 spielte er als 18jähriger in der Verbandsauswahl Niederösterreichs gegen Rapid – und wurde vom Rekordmeister vom Fleck weg verpflichtet. Ein Goldgriff, denn in der Folge stellte

Oben: St. Pölten gehört zu den fahrradfreundlichsten Städten Österreichs.
Mitte: Sport in St. Pölten ist ein Hammer.
Unten: Die Voltigiergruppe St. Pölten hat 1998 einige nationale Erfolge gefeiert. Die Turniergruppe besteht aus 15 Voltigierern zwischen 9 und 21 Jahren, drei Pferden und zwei Longenführerinnen.

Binder denkwürdige Rekorde auf. Sechsmal wurde er Schützenkönig in Österreich, in 765 Meisterschaftsspielen erzielte er nicht weniger als 1.006 Tore! Eine Zahl, die von keinem anderen Österreicher auch nur annähernd erreicht wurde.
1989 verstarb er 77jährig in Wien, sein Ruf aber wird bestehen bleiben. In St. Pölten wurde die Straße, an der das Verbandsgebäude des NÖ Fußballs steht, „Bimbo-Binder-Promenade" genannt.

WIE SCHALL UND RAUCH. Namen sind im Fußballvereinsgeschehen St. Pöltens wie Schall und Rauch, Fusionen reduzierten die Zahl der St. Pöltner Vereine in den letzten zwei Jahrzehnten drastisch. Konzentration der Kräfte statt Traditionsverein hieß die Devise.
FC Glanzstoff und Sturm 19 bildeten den *FC Glanzstoff Sturm 19*, der sich in der 1. Landesliga wieder einen Fixplatz erkämpfte. Voith St. Pölten und die Schwarze Elf wurden zu *VSE* verbunden, Fusionen mit Eichgraben und Gablitz legten den Grundstein für einen beispiellosen Aufstieg von der Unterliga in die 1. Division, wo VSE sogar Tabellenführer war und bei jedem Heimspiel zehntausend Zuschauer auf den Voith-Platz pilgerten.
Ein weiterer – letzter – Zusammenschluß sicherte den Klassenerhalt in der Bundesliga. VSE St. Pölten + SV Gerasdorf = FCN St. Pölten. Ein neuer Spitzenklub? Alles ist möglich …

DAS STADION. Die Grundvoraussetzungen für diese künftige Blütezeit wurden schon geschaffen. Im Bereich der Landessportschule wird ein neues, modernes *Fußballstadion* gebaut. Sollte die Fußball-Europameisterschaft 2004 in Österreich stattfinden, dann ist dieses Stadion ein Spielort, Fassungsvermögen 30.000 Zuschauer. Sollte die EM nicht kommen, wird es auch gebaut, nur kleiner: Fassungsvermögen 11.500 Zuschauer. Der Clou an dem Projekt: Im selben Komplex wird auch eine Ballspielhalle mit drei großen Spielfeldern untergebracht sein, schwenkbare Tribünen werden ein Fassungsvermögen von maximal 10.000 Zuschauern ermöglichen. Kostenpunkt des Komplexes: 600 Millionen in der großen Variante, 400 in der kleinen. „Gegenpol" dazu ist im Süden die *Stadtsportanlage*, ein großzügig angelegtes Fußball-Trainingszentrum der Extraklasse mit fünf Spielfeldern.

Robert Salzer

Shopping

IM ZENTRUM UND AM STADTRAND

Schuhe und mehr gibt es in der St. Pöltner Altstadt zu erstehen. Die Auswahl läßt auch Gäste aus Wien staunen.

Vorurteile ist man als St. Pöltner ja gewohnt – aber daß man auch die guten Einkaufsmöglichkeiten rechtfertigen muß, das hätte man nicht erwartet. Gott sei Dank hat sich in den letzten Jahren auf diesem Sektor so viel getan, daß ein ausführlicher Schaufensterbummel mit der aus Wien angereisten Bekannten kein Problem darstellt, obwohl die Dame beim Einkauf hohe Ansprüche stellt! In so einem Fall ist Sicherheit gefragt – also Beginn mit Bekanntem.
Fast gleich ums Eck beim Bahnhof findet sich das Einkaufszentrum *Promenade*, wo alles geboten wird, was das Shopping-Herz begehrt. Der Bekannten gefällt's im H & M, und wo ein Virgin Megastore beheimatet ist, da kann ohnehin nichts passieren.
Der Knüller gleich am Beginn der Tour: Im Einkaufszentrum Promenade ist auch ein Nagel-Studio beheimatet – das kann man sogar in Wien nicht an jeder Ecke finden. Die Bekannte zeigt erste Eindrücke von Respekt, dabei sind wir erst am Anfang der Tour.

Der Traisenpark im Norden der Stadt ist Trendsetter und Highlight in der Einkaufslandschaft der jungen Landeshauptstadt.

In den Geschäften der Altstadt findet sich für jeden Geschmack etwas Passendes.

sich der *Landhaus-Boulevard* langsam, aber stetig zu einem weiteren Magnet in der St. Pöltner Shopping-Welt entwickelt. Und das nicht nur für die knapp 3.000 Beamten, die im Regierungsviertel ihren Snack, pardon, ihr wohlverdientes Mittagsmahl einnehmen. Da es ohnehin Zeit für eine Tourpause ist, nutzen wir die Gelegenheit. Im Landhaus-Boulevard auf dem kulinarischen Sektor zu punkten, ist nämlich besonders einfach. Von österreichischer Hausmannskost über Spezialitäten aus Frankreich, Italien, China und – einzigartig in St. Pölten – Japan reicht die Auswahl. Ein Blick auf meine Begleiterin genügt – wieder ein Punkt für die niederösterreichische Hauptstadt. Dabei ist die Tour noch gar nicht zu Ende. Im Norden der Stadt etwa gibt es das Ein-

Wenn man schon in Einkaufszentren ist, dann gleich ab zu einer Spezial-Rundfahrt. Viele St.-Pölten-Besucher, die aus dem Süden der Stadt anreisen, schaffen es oft gar nicht weiter als bis zum Einkaufszentrum in der Anton-Scheiblin-Gasse. Und wo man mit dem Spruch „sympathischster Supermarkt Österreichs" begrüßt wird, da kann man sich schon wohl fühlen. Einst residierte hier der Konsum, jetzt ist *Merkur* als großer Lebensmittelmarkt am Zug. Ob bei der Produktauswahl aus den schier endlosen Regalen oder bei einem kleinen Imbiß im gemütlichen Restaurant neben dem Eingang – Vergleiche mit anderen Einkaufszentren braucht man hier nicht zu scheuen. Besonders beteiligt ist daran der Mieter der oberen Etage: Der *Media-Markt* sorgt hauptsächlich dafür, daß die St. Pöltner mit ihren Autos auf dem Parkplatz in der Minderheit zu sein scheinen. Das Gesicht meiner Bekannten strahlt immer mehr – kein Wunder, in diesem Elektro-Paradies kann man Tage verbringen. Fast armselig stehe ich mit meiner CD an der Kassa, während rings um mich Fernseher, Stereo-Türme und Waschmaschinen erworben werden. Bevor es aber zu Depressionen kommt, geht die Tour weiter.

OBJEKT DER BEGIERDE. Das jüngste Einkaufszentrum St. Pöltens steht auf dem Programm. Im Herbst 1996 eröffnet, hat

Das Einkaufszentrum „Promenade" wartet mit einem exquisiten Angebot auf, das auch Gäste aus der Bundeshauptstadt erstaunt.

kaufszentrum *Traisenpark*. Auffallend ist neben den vielen Parkplätzen auf den drei Etagen wiederum die große Vielfalt. Während ich zielstrebig dem Fußball-Fanartikel-Shop zusteuere, hat meine Begleiterin an einem anderen Ort schon ihr Objekt der Begierde entdeckt: Im Fitneß-Studio gibt es neben Geräten zur körperlichen Ertüchtigung und einem phantastischen Sauna-Bereich auch Aroma-Therapie oder Massage. Nachdem wir uns auf ein Unentschieden geeinigt haben, läßt sich auch der Besuch in lockerer Atmosphäre fortsetzen. Das ist auch notwendig, denn die große Fläche des Traisenparks erlaubt keine Anspannung. Höchste Konzentration ist Voraussetzung, um alle Geschäfte aufmerksam zu besuchen. Das Highlight des Traisenparks ist zur Besuchszeit im Sommer leider geschlossen: die im Haus integrierte Eishalle, im Winter beliebter Tummelplatz von alt und jung. Nach so vielen Schauplätzen ist das Vorurteil, St. Pölten sei keine Einkaufsstadt, schon widerlegt. Dennoch – last but not least – muß noch ein „Standort" besichtigt werden: die *Innenstadt*. Am Kreuzungspunkt mit der Brunngasse passieren täglich tausende Menschen den „Eingang" zur Innenstadt. Einst als „Schuh-Straße" verschrien, hat sich die Kremser Gasse längst zu einem attraktiven Schauplatz mit unterschiedlichen Geschäften gemausert. Trotz Landhaus ist hier nach wie vor das Zentrum der Landeshauptstadt. Donnerstags und samstags (die Markttage) läßt sich besonders gut beobachten, wie sich die Massen durch die Fußgängerzone wälzen. Ein würdiger Abschluß eines ausgedehnten Shopping-Trips (obwohl wir noch zahlreiche Geschäfte der Hauptstadt vernachlässigen mußten). Vorurteile abgebaut, auf Wiedersehen beim nächsten Shopping in St. Pölten!

Thomas Kickinger

Das Möbelhaus Lutz ist auch architektonisch bemerkenswert.

Soziale

KOMPETENZ

Im Landespensionistenheim sind betagte Mitbürgerinnen und Mitbürger gut aufgehoben.

Soziales Engagement gehört mit zum Markenzeichen St. Pöltens. Viele Einrichtungen und Initiativen – von Seniorenheimen über „Essen auf Rädern“ und mobile Hilfs- und Pflegedienste verschiedener Anbieter bis hin zum „Haus der Frau“ der Diözese oder zu Behinderten-Clubs – prägen das soziale Bild der Landeshauptstadt. „Soziales“ ist auch auf höchster Ebene hier vertreten, wenn man etwa an die Ressorts der NÖ Landesregierung denkt, die mit sozialen Aspekten zu tun haben. Oder an die Gerichtsbarkeit am Landesgericht St. Pölten. Die Kinder- und Jugendanwaltschaft und der NÖ Patientenanwalt haben hier ihren Sitz – auch sie vorwiegend mit sozialen Fragen beschäftigt. Und mit der NÖ Gebietskrankenkasse ist einer der größten Sozialversicherungs-Träger in der Stadt beheimatet. Aber besonders interessant sind vor allem Initiativen von „unten“, wie zwei bemerkenswerte Beispiele zeigen.

Das angenehme menschliche Klima einer überschaubaren Stadt erweist sich nicht zuletzt an der Art und Weise, wie ältere Menschen von der Gesellschaft angenommen werden.

Der „Geschützten Werkstätte St. Pölten“ wurde 1998 das Gütezeichen eines „Österreichischen Musterbetriebs“ verliehen.

HOFFNUNG FÜR HOFFNUNGSLOSE.
„Liebe und Kompetenz.“ Das sind die Bestandteile des Konzepts hinter der *Emmausgemeinschaft St. Pölten*. „Nur so können seelisch Verwundete Aussöhnung und Heilung erfahren“, betont der Gründer dieser Gemeinschaft, Karl Rottenschlager. 1982 hat er die Emmausgemeinschaft St. Pölten ins Leben gerufen. Zu Beginn gab es besonders viele Vorurteile und Probleme zu überwinden, schließlich sind die Gäste, die in dieser Gemeinschaft Hilfe suchen, dem Rand der Gesellschaft zuzuordnen. „Hoffnung für Hoffnungslose“ zu vermitteln, das ist das Emmaus-Gedankengut. In die Praxis übertragen: Wiedereingliederung von Menschen, die aus verschiedenen Gründen in Notsituationen geraten sind – Haftentlassene, Alkoholabhängige, Obdachlose.
Karl Rottenschlager, Theologe und Sozialarbeiter, war zuvor neun Jahre im Sozialdienst der Justizanstalt Stein tätig, ehe er 1982 nach dem Vorbild des Abbé Pierre in Paris auch in St. Pölten eine derartige Gemeinschaft ins Leben rief. „Die Faszination des Projekts besteht darin“, sagt er, „daß Totgesagte wieder lebendig werden, daß Verzweifelte wieder Hoffnung schöpfen. Unser Ziel ist der liebes- und arbeitsfähige Mensch.“
Weit über 1.200 Hilfesuchende haben seither Aufnahme gefunden, rund zwei Drittel konnten wieder in die Gesellschaft eingegliedert werden.
Jeder, der bei Emmaus wohnt, muß in einem der vier Betriebe (Kunstwerkstätte, Tischlerei, Altwarenhandel, Sanierungsprojekt) arbeiten, solange er nicht am freien Arbeitsmarkt vermittelt ist. In den Betrieben werden durchschnittlich 50 Leute pro Jahr beschäftigt. Emmaus betreibt auch drei Wohnheime für Männer, darunter ein Wohnheim mit Tageszentrum am Kalvarienberg 1 sowie eine Notschlafstelle namens „Auffangnetz“ (in der Schwerdfegerstraße). Zur Komplettierung dieses Angebots wurde auch eine Beratungsstelle installiert, die die Wiedereingliederung der Betreuten in die Gesellschaft koordiniert. Aus Emmaus ist ein sozialer Mittelbetrieb geworden, der mittlerweile in Verwaltung und Organisation 35 MitarbeiterInnen beschäftigt, davon einige

in Teilzeit. Die Finanzierung erfolgt aus Mitteln der öffentlichen Hand, aus Eigenerlösen der Betriebe sowie aus Subventionen und Spenden.

MUSTERBETRIEB MIT BEHINDERTEN. Kann man zu einem Betrieb mit rund 270 Mitarbeitern in Österreich noch Mittelbetrieb sagen? Oder ist das schon ein Großbetrieb? Die *Geschützte Werkstätte St. Pölten* ist jedenfalls ein bemerkenswertes Sozialprojekt, das Aufmerksamkeit verdient. 1981 wurde das Projekt als GesmbH ins Leben gerufen – mit einem Stammkapital von 500.000 Schilling. Mittlerweile sind in St. Pölten – es gibt auch eine Filiale in Gmünd – 260 Mitarbeiter beschäftigt. Sie erwirtschafteten (1997) einen Umsatz von mehr als 160 Millionen Schilling. Rund 220 behinderte Menschen werden in der Geschützten Werkstätte zu Bedingungen wie in der Privatwirtschaft beschäftigt. Außerdem finden in dieser Gesellschaft auch 50 nicht behinderte Arbeitnehmer einen interessanten und sicheren Arbeitsplatz, der besondere Qualifikationen erfordert. Soziale Kompetenz ist nur die eine Seite der Medaille. Daß mehr als diese verlangt wird, zeigt etwa das Qualitätszertifikat nach der Önorm EN ISO 9002. Im Februar 1998 wurde der Werkstätte außerdem das Austria-Gütezeichen („Österreichischer Musterbetrieb") verliehen. 50 Prozent Restleistung sind von den (behinderten) Arbeitnehmern gefragt, damit sie ins Team passen. Die Abwicklung von Neuaufnahmen erfolgt über das Arbeitsmarktservice. Derzeit wird allein in St. Pölten an drei Standorten gewerkt. Die Verwaltung hat ihren Sitz in der Hnilickastraße 20–22. Dort wird freilich schon am „Projekt 2000" getüftelt. Die Geschützte Werkstätte wird an zwei Standorten – mit Hauptwerk in Hart (Spratzern) – konzentriert. Dort soll das Geheimnis des Erfolgs noch besser als bisher zum Tragen kommen. „Durch besondere Arbeitsvorbereitung, strenge Qualitätskontrollen und den Einsatz von Spezialmaschinen leisten wir auch mit behinderten Mitarbeitern Qualitätsarbeit", erklärt Werkstätten-Manager Fenz.

Robert Zauchinger

Das christliche Menschenbild motiviert die „Emmaus-Gemeinschaft" mit ihren Werkstätten und Wohnheimen.

SPECIAL **DAS LANDESKRANKENHAUS**

Die Landung auf dem Dach des Landeskrankenhauses hat schon so manchem das Leben gerettet.

Neben Glanzstoff und Traisenpark setzt das Landeskrankenhaus den dritten architektonischen Akzent im Norden St. Pöltens.

Was Kaiser Franz Josef sagte, als er am 5. Oktober 1895 das neue Krankenhaus in St. Pölten mit einem pompösen Festakt eröffnete, ist leider nicht überliefert. Aber es war gewiß sehr schön und hat ihn auch sehr gefreut. Damals, vor mehr als einem Jahrhundert, hatte das neuerbaute Spital an der Kremser Landstraße drei Pavillons, 150 Betten, sechs Ärzte und 16 Barmherzige Schwestern vom heiligen Vinzenz von Paul. Bereits im ersten Jahr wurden im nagelneuen OP stolze 275 Operationen gezählt. Das elektrische Licht sollte allerdings erst zehn Jahre später folgen.

Heute verfügt das Krankenhaus der Landeshauptstadt St. Pölten über rund 1.100 Betten und mehr als 1.000 Ärzte, Krankenschwestern und medizinisch-technische Assistenten. Die drei Pavillons stehen längst im Schatten eines modernen Neubaus, der 1981 um rund eine Milliarde Schilling fertiggestellt wurde und das gesamte Spektrum der modernen Medizin unserer Tage bereithält: von der exzellenten Anästhesie- und Intensivmedizin, der Unfallchirurgie, der allgemeinen Chirurgie, der Gynäkologie und den zwei internen Abteilungen über die Kinder- und Jugendheilkunde, die Radiologie, die Orthopädie, die Urologie, die Physikalische Medizin, die HNO- und die Augen-Abteilung bis zur Kardiologie, der Hautabteilung, der Labordiagnostik, der Mund-, Gesichts- und Kieferchirurgie, der Neurologie, der plastischen Chirurgie, der Schielabteilung und der Herzchirurgie.

Hinter diesem gewaltigen Aufwand steht ein entscheidender Beschluß. Mit der Erklärung der Stadt St. Pölten zur Landeshauptstadt wurde nämlich auch das St. Pöltner Spital „befördert": zu einem Krankenhaus der „Zentralversorgung", das künftig – über die regionale Versorgung der Bevölkerung hinaus – auch Spitzenmedizin mit überregionaler Bedeutung betreiben kann und soll. Damit rückte das Krankenhaus St. Pölten schlagartig in die erste Reihe der österreichischen, aber auch der internationalen Krankenanstalten auf.

Eine Ehre, aber auch eine Verpflichtung, der sich die Landeshauptstadt gestellt hat. Als Symbol dafür gilt die Herzchirurgie, in der am 9. Februar 1992 die erste Herzoperation in Niederösterreich durchgeführt wurde. Mit großem Einsatz schaffen Primarius Dr. Hermann Kassal und sein Team rund 500 Operationen pro Jahr und können damit immerhin die Hälfte der niederösterreichischen Herzpatienten versorgen.

Der Herzchirurg Kassal kann stellvertretend für eine ganze Reihe exzellenter Mediziner genannt werden, die zumeist von den Wiener Universitätskliniken nach St. Pölten übersiedelt sind und mit ihren Leistungen weit über Österreichs Grenzen hinaus Anerkennung erfahren haben. Diese Spezialisten garantieren die gewünschte Spitzenmedizin, aber auch die wichtige Ausbildung der jungen Ärzte auf höchstem Niveau.
Die Herzchirurgie alleine wäre aber zuwenig, um das hohe Ansehen dieses Hauses in der Bevölkerung zu erklären. Erst der hohe Standard der Pflege, das stete Bemühen um bestmögliche Information aller Patienten und um ein „Service wie im Hotel" machen aus einem der größten Krankenhäuser Österreichs eines der seltenen „Krankenhäuser mit Herz", das zudem auch noch mit „Köpfchen" rechnet. Obwohl Spitzenmedizin ihren Preis hat, ist es der Leitung des St. Pöltner Krankenhauses gelungen, die Kosten im Griff zu behalten, ohne die Leistungen schmälern zu müssen.

Wolfgang Tropf

Links: Das Landeskrankenhaus verfügt über 1.100 Betten.
Unten: Der Kinderpavillon beherbergt eine der bestens ausgestatteten Abteilungen des Krankenhauses.

Kein schöner Land

A U S F L U G S Z I E L E

St. Pölten ist nicht nur wunderbar, sondern auch wanderbar (und natürlich radelbar). Es grünt so grün in St. Pölten. Die Natur wurde niemals aus dieser Stadt verdrängt, sondern auf 108 Quadratkilometern in sie integriert. Andere Städte haben einen Grüngürtel, St. Pölten dagegen ist eine grüne Stadt. Flora und Fauna in den Traisenauen, mehr Grünflächen und Parks als in irgendeiner anderen Hauptstadt, geschützte Biotope voll herber Ursprünglichkeit, Natur pur praktisch im ganzen Stadtgebiet: Hier kann man noch in der Wiese liegen und mit der Seele baumeln. St. Pölten, das ist Landschaft und Leben, das ist das grüne Zentrum Niederösterreichs.

St. Pölten ist aber auch der ideale Ausgangspunkt für Ausflüge ins weite blaugelbe Land. Als das Tor zur Wachau, zum Dunkelsteinerwald und in die niederösterreichischen Voralpen ist St. Pölten nur einen Katzensprung von all diesen attraktiven Ausflugszielen entfernt.

Manfred Wieninger

Natur pur

IM STADTGEBIET

Reizvolle Promenaden laden zur Wanderung entlang der Traisen ein – und im Sommer trägt der Fluß auch Boote und Schwimmer.

ST. PÖLTNER DREIHÜTTENWANDERERLEBNIS. Diese Panoramawanderung zur *Ochsenburger Hütte* (beschauliche 594 Höhenmeter), *Stockerhütte* (gemütliche 734 Höhenmeter) und zur *Kukubauerhütte* (der absolute Gipfel mit 782 Meter Seehöhe) führt durch eines der schönsten Wandergebiete der niederösterreichischen Voralpen im Osten der Landeshauptstadt. Die Wege folgen Ackerrainen, führen über Wiesen und Waldränder entlang und sind selbst für wadenschwache Stadtindianer leicht zu bewältigen. Zudem gibt es bei so manchem Einödhof inoffizielle Labestationen, wo Most, Obstler, Geselchtes und Bauernbrot gereicht werden. Ein Panoramablick vom Schneeberg bis zum Ötscher, von der Araburg über Unterberg, Kirchenberg bis zur Reisalpe entschädigt für den vielleicht doch auftretenden Muskelkater nach acht Stunden Gehzeit.

Golf in Goldegg: In allen Himmelsrichtungen bietet die Umgebung der Stadt reizvolle Ausflugsziele.

ORCHIDEEN IM NEUEN „STADTWALD SÜD". Von den zwanziger Jahren bis heute wurde ein Gebiet, das 1982 als Brunnenfeld aufgelassen und 1995 von der Stadt als Naherholungsgebiet, als „Stadtwald Süd" unter Schutz gestellt wurde, nicht mehr gedüngt, so daß sich eine einzigartige Flora und Fauna entfalten konnte. Wo sonst – außer in Blumenhandlungen – gibt es in St. Pölten schon Orchideen wie Anacamptis pyramidalis (Pyramidenorchis) und Gymnadenia conopsea (Mücken-Händelwurz) neben weiteren 175 Pflanzenarten, wovon 20 auf der roten Liste gefährdeter Arten stehen?! Auch alle Vöglein sind schon da. Nicht nur Amsel, Drossel, Fink und Star, sondern auch Stieglitz, Baumpieper, Turmfalke, Kernbeißer, Girlitz, Kleiber, Sperber, Karmingimpel, Zilpzalp, Heckenbraunelle, Zaunkönig, Feldlerche, Fitis, Mönchgrasmücke und Erlenzeisig.

ST. PÖLTEN SEHEN UND ... – PANORAMAWEG AM KREMSER BERG. Den schönsten, natürlich-topographischen Blick über St. Pölten hat man wohl vom *westlichen Wagram* aus, also vom Wogenrand der eiszeitlichen Traisen, der eine beeindruckende Hochterrasse von St. Georgen bis Radlberg hinterlassen hat. 1996 hat die Stadt St. Pölten den Wagram im Bereich des sogenannten Kremser Berges zwischen Finkensteinweg und Weiterner Straße nicht nur unter Schutz gestellt, sondern auch einen im wahrsten Sinne des Wortes beschaulichen Panoramaweg mit einem Aussichtsturm angelegt. Als Musterbeispiel gelungener neuzeitlicher Gartenarchitektur verbindet dieser Weg auch zwei in alten Zeiten sehr beliebte Ausflugsziele der St. Pöltner, den *Praterberg* und den *Pittnerberg* mit ihren pittoresken Kellergassen, auf die so mancher Ort in der Wachau stolz wäre und die auch heute noch einen Besuch wert sind.

ST. PÖLTEN ALS AUSGANGSPUNKT DER SCHÖNSTEN BERGBAHN ÖSTERREICHS. Die *Mariazellerbahn* vom St. Pöltner Alpenbahnhof zum steirischen Wallfahrtsort ist weit über die Grenzen Niederösterreichs als eine der beeindruckendsten Schmalspur- und Gebirgsbahnen der Welt bekannt. Die ‚schönste Spur ins Alpenvorland' erschließt mit dem Pielachtal und dem Ötscherland zwei der reizvollsten Urlaubs- und Wandergebiete Österreichs. Bereits ab der Station Laubenbachmühle bekommt die Mariazellerbahn Hochgebirgscharakter und windet sich über eindrucksvolle Viadukte, schwindelerregende Kehren, kunstvoll angelegte Brücken und bietet unvergeßliche Ausblicke in die landschaftlichen Reize der Kalkalpen. Mit dem 2.368 Meter langen Gösingtunnel wird in 892 Meter Seehöhe eine der technischen Meisterleistungen der Monarchie durchfahren, bevor man den Blick auf Ötschergräben, Tormäuer, Zinken, Lassingfall und Erlaufsee genießen kann.

Die Mariazellerbahn ist eine der längsten und schönsten Schmalspurbahnen des Kontinents.

NATURLEHRPFAD „FELDMÜHLE". In diesem Biotop gibt es das Unregelmäßige zu entdecken, ein Stück Dschungelwildheit aus Tümpeln und Weihern, Schilfsumpf und Rohrkolbenröhricht, Ungewißheit, was sich hinter dem nächsten Gestrüpp verbirgt, Lianen in der Dämmerung, unerwartete Geräusche, ungeahnte Entdeckungen, die Urangst des Stammhirns. Wenn die Kennzeichen unseres Jahrhunderts Formung und Normung sind, so ist die Au nicht nur der Feldmühle ein absolutes Gegenbild: ein Zerrspiegel, der uns erkennen läßt, wie häßlich eigentlich die Gerade, der rechte Winkel und die plane Fläche sind. In der Au gilt: Schief ist schön. Krumm ist anziehend. Im grünen Dämmer, unter einem Baldachin aus Schwarzpappeln und Eschen, Traubenkirschen und Schwarzerlen erwacht unser Animismus und hört die Natur sprechen.

SCHLOSS OCHSENBURG – ST. PÖLTENS CASTELGANDOLFO. Der Name Ochsenburg hat natürlich nichts mit kastriertem Rindvieh zu tun, das wäre auch ziemlich unziemlich für des St. Pöltner Bischofs Sommersitz, der sich bereits seit 1383 in kirchlichem Besitz befindet.
Ab 1698 wurde Schloß Ochsenburg durch niemand Geringeren als Jakob *Prandtauer* barockisiert, wie man aus kunsthistorisch-stilistischen Untersuchungen weiß. Berühmt wurde die Ochsenburg allerdings erst durch den Aufenthalt Franz *Schuberts* im Herbst

1821. Als Zehrgast von Bischof Dankesreither, einem Onkel von Schuberts Freund Schober, schrieb er hier die ersten beiden Akte der Oper „Alfonso und Estrella", die dann aber zu seinen Lebzeiten nicht mehr aufgeführt wurde. Mehr als ein Jahrhundert lang behaupteten die Ochsenburger auch steif und fest, der Liederfürst habe in ihrem Schloß seinen Welthit „Am Brunnen vor dem Tore" komponiert, was leider ins Reich der Fabel zu verweisen ist, da dieses Lied nachweislich erst sechs Jahre nach Schuberts Aufenthalt entstanden ist.
Ein schönes Zeugnis für diese Legende ist der 1928 von Wilhelm Frass geschaffene Schubertbrunnen mit den ihn umgebenden stattlichen Lindenbäumen vor dem Ochsenburger Schloßtor.

DAS GLÜCK DIESER ERDE – PFERDEHOF UND PONYHOF WÖRTH. Als Pferde noch als Kriegsgerät mißbraucht wurden, gelang es einem gewissen Oberst Paris Lodron (nicht identisch mit dem Salzburger Erzbischof) am 25. August 1683 im *Steinfeld,* der breiten Niederterrasse des Traisenflusses zwischen St. Pölten und St. Georgen, in einem Reiterscharmützel 24 Janitscharen zu töten und 108 christliche Gefangene zu befreien, wie die kaiserliche Geschichtsschreibung der Türkenkriege akribisch vermerkte. In Zeiten wie diesen ist das Steinfeld ein Paradies für zivile Reiter, im Pferde- und Ponyhof Wörth liegt vor allem für Kinder, die ihre vierbeinigen Lieblinge auch füttern, baden und ausmisten dürfen, das Glück dieser Erde auf dem Rücken der Ponys.

DER SCHLOSSPARK VON POTTENBRUNN. Heute ist der ehedem berühmte, vom damaligen niederösterreichischen Regierungspräsidenten Graf Johann Anton Pergen nach 1782 angelegte und rund 25 Hektar große Englische Garten ein verwunschenes Paradies und beinahe zur Gänze wieder vom Auwald zugewachsen. Gegenüber dem Zustand gegen Ende des 18. Jahrhunderts fehlen Teiche, Wiesenflächen und Wege. Das einzig noch vorhandene Bauwerk ist ein Gartenpavillon, in dem man nur mit Mühe einen „Gothischen Tempel" erkennen könnte.

GOLF IN GOLDEGG. Nicht-Golfern ist die Faszination dieses Sports nur schwierig zu erklären. Warum man mit einem dafür absolut ungeeigneten Eisenstock einen nicht leicht zu treffenden Ball in viel zu kleine Löcher befördern soll, bleibt vielen ein Rätsel. Die St. Pöltner Golffans wissen es natürlich besser und haben sich in Goldegg, wenige Kilometer westlich der Landeshauptstadt, ein kleines Golfparadies geschaffen, das auch Gästen zugänglich ist.

BIOTOP NADELBACH. Was an den Ufern des Nadelbaches zwischen der gleichnamigen Ortschaft im Westen St. Pöltens bis zum *Hafinger Weg* aber zu finden ist, sind blühende Feuchtwiesen und ökologisch wertvolle Hochstaudenriede, in denen eine Vielzahl von seltenen, zum Teil gefährdeten Pflanzen- und Vogelarten zu bestaunen ist. Als da wären an floristischen Besonderheiten: Sumpf-Storchenschnabel, Dotterblumen, Mädesüß, Roßminze, Gilbweiderich, Sumpfseggen, Wolfstrapp, Wild-Engelwurz, Brunnenkresse, Karthäusernelke, Natternkopf und viele andere. Auch für viele attraktive Vögel, Kleinreptilien und Säuger stellt dieses Biotop den einzigen Rückzugsraum in der umgebenden Agrarlandschaft dar.

„COPA ST. PÖLTENIENSE". Was die Copacabana für Rio und die Copakagrana für Wien sind, ist der *Traisenstrand* für die St. Pöltner Fans des Wildbadens. Von Ochsenburg bis über das Regierungsviertel hinaus sind die Wiesen und Auen entlang des Traisenflusses an heißen Sommertagen mit Scharen von Einheimischen besetzt. Geheimtip des Autors für echte Traisen-Connaisseurs: die *Mühlbacheinmündung* beim Harlander Naturfreundebootshaus. Tiefkühles, strömungsreiches Wasser, gepflegte Liegewiese mit schattigen Plätzchen, Verpflegungsmöglichkeit im bewirtschafteten Bootshaus sowie in einem nahen Gasthaus.

DIE WEINLANDSCHAFT UM ST. PÖLTEN. In ganz St. Pölten, immerhin 108 Quadratkilometer, wächst leider – vom neuen Landhausweingarten abgesehen – kein Wein. In ganz St. Pölten? Nein, ein Hauer in der kleinen Ortschaft *Radlberg* hat sich dem weinfeindlichen Klima seit langem widersetzt und keltert wie eh und je seine Trauben, die dem St. Pöltner Boden entsprossen sind. Und in *Pottenbrunn* ist wie eine Nußschale in einem Ozean von Mostheurigen der einzige Weinheurige der Landeshauptstadt beheimatet.
Um so eindrucksvoller aber ist die Weinlandschaft am Rande der Hauptstadt, von der nördlichen Stadtgrenze sich hinziehend in das untere Traisental, in die Regio Tragisana bis in die Wachau, uralter Kulturboden, in dem schon die Römer den Weinbau heimisch gemacht haben – Tu felix Austria inferior! Ibi bibe!

Manfred Wieninger

Der Zauber vergangener Zeiten umweht das Schloß von Pottenbrunn.

Chronik

Siegfried Nasko

4. Jtd. v. Chr.
Erste Siedlungstätigkeit im Raum der heutigen Stadt

121/122 n. Chr.
Kaiser Hadrian gründet die römische Zivilstadt Aelium Cetium

304
Märtyrertod des früher in Cetium lebenden hl. Florian in Lorch

um 400
Stadtfunktion geht auf Mautern über

nach 791
Gründung des dem hl. Hippolyt geweihten Benediktinerklosters von Tegernsee aus

799
Erste Nennung der Stadt als „Treisma"

Der Passauer Wolf erinnert an die frühere Zugehörigkeit des Landes zur Diözese Passau.

976
Die Besitzungen des Bistums Passau in „Treisma" werden bestätigt

vor 1050
Heinrich III. verleiht St. Pölten das Marktrecht

1065
Die neuerbaute Klosterkirche wird geweiht

1081
Anstelle der Benediktiner und später der Weltpriesterkanoniker übernehmen Augustiner Chorherren das Hippolytkloster

1159
Bischof Konrad I. von Passau verleiht St. Pölten das *älteste erhaltene Stadtrecht Österreichs*

nach 1200
Anlage des Rathausplatzes

Ein einziger Stadtturm hat die vielen Zeitenwenden überdauert.

ab 1250
Bau der Stadtmauer

1253
Mutwillige Vernichtung aller bedeutenden Urkunden des Chorherrenstiftes

1263
Erste Erwähnung des Stadtsiegels

1306
Blutiges Pogrom gegen jüdische Mitbürger

1338
Bischof Albrecht II. von Passau verleiht St. Pölten ein neues Stadtrecht

um 1350
Verbrennung von 14 Adamiten in St. Pölten

1365
Neuregelung des Marktrechtes zugunsten des Passauer Bischofs

1481
St. Pölten wird an den Ungarnkönig Matthias Corvinus verpfändet

Über so manchem Tor thront noch der Doppeladler.

1487
Matthias Corvinus verleiht St. Pölten ein Stadtwappen

nach 1490
St. Pölten wird landesfürstliche Stadt

1503
St. Pöltens Bürgerschaft erwirbt das heutige Rathaus

1512
Der nördliche Turm der Stiftskirche fällt einem Brand zum Opfer

1529
Türkeneinfall in St. Pölten

1538
König Ferdinand I. verleiht der Stadt ein neues Wappen

1563
Mit Martin Zandt wird erstmals ein evangelischer Bürger zum Stadtrichter gewählt

1597
Belagerung St. Pöltens durch ein Bauernheer aus Wilhelmsburg

1614
Ein Hochwasser reißt den Traisensteg weg

1621
Ein verheerender Brand beschädigt auch das Rathaus schwer

1623
Infolge der Gegenreformation gibt es keine evangelischen Bürger mehr

1624–26
In St. Pölten werden *Reichstaler* geprägt

um 1650
Umbau des Chorherrenstifts

1677
139 Häuser fallen einer Feuersbrunst zum Opfer

1683
Bei St. Georgen siegt die St. Pöltner Besatzung über die Türken

1692
Jakob Prandtauer wird Viertelbürger von St. Pölten

1717
Josef Munggenast läßt sich in St. Pölten nieder

1741
Französische und bayerische Truppen besetzen St. Pölten

1745
Daniel Gran zieht von Wien nach St. Pölten

1753
Errichtung des Kreisamtes für das Viertel ober dem Wienerwald

1776
Am Rathausplatz wird die erste öffentliche Schule eröffnet

1784
St. Pölten wird Bischofsstadt

1785
Die alte Ratsverfassung wird durch die neue Magistratsverfassung ersetzt

nach 1785
St. Pölten wird Garnisonsstadt

1786
Errichtung einer ersten Fabrik, der Kattunmanufaktur

1787
Ein Gymnasium nimmt vorübergehend den Betrieb auf

1805
Besetzung durch die Franzosen, Napoleon in St. Pölten

1809
Neuerliche französische Besetzung und Einzug Napoleons, vier standgerichtliche Todesurteile im Rathaus

1819
Kaiser Franz II. hebt die Ungnade des nunmehrigen St. Pöltners Mack von Leiberich bei einem Besuch auf

1821
Errichtung des Stadttheatergebäudes, Franz Schubert weilt in St. Pölten

1833
Schwere Brandkatastrophe

K. u. k. Hinterlassenschaft ist das Gebäude des Landesgerichts.

1848
Bildung einer politischen Ortsgemeinde mit 4.500 Einwohnern

1858
Eröffnung der Westbahn

1886
Erste überregionale sozialdemokratische Versammlung im Stadtsaal

1895
Kaiser Franz Josef I. eröffnet das St. Pöltner Krankenhaus

nach 1903
Gründung der Großbetriebe Voith, Glanzstoff und Staatsbahnwerkstätte

1911
Inbetriebnahme einer Straßenbahn

1913
Eröffnung der Franz-Josefs-Synagoge

1919
Ende der liberalen Ära, die Sozialdemokraten stellen erstmals den Bürgermeister

1922
Erste große Stadterweiterung und Erhebung St. Pöltens zur Statutarstadt

1927
Eröffnung der St. Pöltner Wasserleitung

1932
Die Wirtschaftskrise verursacht 5.000 Arbeitslose in der Stadt

1934
Der Bürgerkrieg endet mit der Hinrichtung von zwei Schutzbündlern im Kreisgericht und der kommissarischen Übernahme des Rathauses durch die Bürgerlichen

1938
Nach dem Anschluß u. a. Zerstörung der Synagoge, St. Pölten ist Widerstandszentrum gegen NS-Regime

1939
Später teilweise rückgängig gemachte große Eingemeindung

ab 1944
Zehn alliierte Luftangriffe

1945
St. Pölten wird Frontstadt, Hinrichtung von zwölf Patrioten am 13. April im Hammerpark, sowjetische Besetzung am 15. April, letzte Luftkämpfe Europas über St. Pölten am 9. Mai

1947
Beginn der Fernwärmeversorgung

1950
Ablösung des kommunistischen Bürgermeisters durch die Sozialdemokratie

1952
Dr. Franz König wird Bischofkoadjutor der Diözese St. Pölten

1953
Der St. Pöltner Baumeister Ing. Julius Raab wird Bundeskanzler

1961
Errichtung der zweitältesten Fußgängerzone Österreichs

1968
Das NÖ Militärkommando übersiedelt nach St. Pölten

Die Hesserkaserne hat den Ruf St. Pöltens als Garnisonsstadt mitbegründet.

1972
Erweiterung des Stadtgebiets durch NÖ Kommunalstrukturverbesserungsgesetz, WIFI-Eröffnung

1975
Eröffnung des Krankenhausneubaues

Licht und Schatten der Stadtgeschichte zeigen sich an der Synagoge.

1978
Eröffnung des NÖ Dokumentationszentrums für Moderne Kunst im generalsanierten Karmeliterhof

1984
Bundespräsident Dr. Rudolf Kirchschläger eröffnet die generalsanierte ehemalige Synagoge

1986
St. Pölten wird Landeshauptstadt von Niederösterreich

1991
Eröffnung des Top Hotels Metropol

1992
Spatenstich für das Landhausviertel und Eröffnung des VAZ (Veranstaltungs-Zentrums)

1995
St. Pölten wird Europastadt

1996
Millenniums-Landesausstellung in St. Pölten, Europafahnenverleihung am neugestalteten Rathausplatz, Clubbing in der Tiefgarage

Feuerwerk beim Hauptstadtfest.

1997
Eröffnung des Landhausviertels mit Kulturbezirk sowie Übersiedlung der Landesbehörden nach St. Pölten

1998
Papst Johannes Paul II. besucht St. Pölten

Neue Ausblicke: Die Neue Herrengasse und der mit Gittern überdachte Landhaus-Boulevard.